J. BAYLIN

EXTRAITS DES

# CARNETS DE LIN K'ING

Sites de Pékin et des environs
vus par un lettré Chinois

AVEC VINGT SIX BOIS REPRODUITS
DE L'ÉDITION CHINOISE ORIGINALE

RÉÉDITÉS PAR ALBERT NACHBAUR

PEIPING 1929

CET OUVRAGE A ÉTÉ TIRÉ A
DEUX CENTS EXEMPLAIRES NUMÉROTÉS
DE 1 A 200

N° 10

J. BAYLIN

# EXTRAITS DES
# CARNETS DE LIN K'ING

**Sites de Pékin et des environs vus par un lettré Chinois.**

AVEC VINGT SIX BOIS REPRODUITS DE L'EDITION CHINOISE ORIGINALE

RÉÉDITÉS PAR ALBERT NACHBAUR

PEIPING 1929

ECHANGES
55 5658
INTERNATIONAUX

Portrait de l'auteur

# Avant-propos

*Né en la cinquante-sixième année K'ien-Long (1791), à Nanyangfou, (Honan), où son grand-père exerçait la charge de Préfet, Lin K'ing descendait des Kin.*

*Docteur à dix-neuf ans, il fut quelque temps attaché à la Chancellerie Impériale et au Ministère de la Guerre, en qualité de rédacteur, puis proposé pour une charge en province.*

*Sous Tao-Koang, il fut successivement Préfet de Hoeitchéou et de Yingtchéou (Ngan-Hoei).*

*Taotai du Honan à trente-cinq ans, il eut à s'occuper des digues du Fleuve Jaune. Quatre ans plus tard, en la neuvième année Tao-Koang, (1829), il présida la Haute-Cour du Honan et assura par la suite, à deux reprises, l'intérim de Trésorier Général de cette province.*

*A l'âge de quarante-deux ans, nous le trouvons au Koeitchou, comme Trésorier Général, puis Gouverneur Civil ad intérim. Plus tard il devient Gouverneur Civil du Houpé.*

*A ce point de sa carrière, il dut porter le deuil de sa mère. Dès son retour à la vie publique, les fonctions d'Inspecteur-Général des Digues du Fleuve Jaune l'attendaient. Il les conserva plus de dix ans, les cumulant quelque temps avec celles de Vice-Roi Intérimaire des deux Kiang.*

*"Limogé" à la suite d'une rupture de digue, il se vit rappeler à Pékin et charger, sans aucun titre, d'une mission dans le Haut Fleuve Jaune, dont il s'acquitta brillamment. Il rentra en grâce et fut nommé Résident Général à Ourga mais, ses rhumatismes l'ayant fait dispenser de s'y rendre, l'Empereur l'appela, après un congé de longue durée, à la dignité de Vice-Ministre de la Guerre.*

*En cette qualité, Lin K'ing eut l'avantage de finir ses jours à Pékin.*

*Voyageur infatigable, en dépit de ses rhumatismes, il allait le plus souvent à pied.*

*Ces versions infidèles sont dédiées au bon ami P'anking, à qui je dois d'avoir pu le suivre.*

**J. B.**

**29 Avril 1921**

龍潭感聖
Hei Long T'an

# Hei Long T'an

Jadis, dans la circonscription de T'ai Tcheou, sur la montagne de Hoa Wei, un temple s'élevait. Chaque fois qu'on y priait pour la pluie, la prière était exaucée.

L'empereur K'ang Hi, en la vingtième année de son règne, le fit spécialement restaurer.

En la troisième année du règne de Yong Tcheng de nouvelles réparations furent faites, deux stèles furent érigées.

En la troisième année du règne de K'ien Long les bâtiments du temple furent recouverts de tuiles jaunes. Un décret impérial conféra le titre de saint à l'esprit qui était révéré là et on redoubla d'égards pour lui avec des résultats manifestes.

Le pied de la colline où s'élève le temple baigne dans un bassin d'environ dix meous de superficie, profond de trois pieds environ, d'une eau souverainement limpide. Le fond rocailleux en est tapissé d'algues de différentes couleurs, où le rouge et le vert s'entremêlent. De vieux arbres se penchent sur ce bassin et le couvrent de leur ombre. Une galerie peinte en fait le tour.

Le lieu même de la source est marqué de deux rochers, formant voûte, enfouis dans la verdure. La petite rigole de pierre par où les eaux s'écoulent au basssin est couverte de glycines. Un arbre mort, couché en travers de son embouchure, lui fait un cadre naturel. L'eau de ce vivier ne déborde pas quand il pleut, pas plus qu'elle ne tarit par temps sec.

Son trop plein s'écoule en bruissant par une ouverture pratiquée dans le mur est du temple.

Suffisante à l'irrigation des terres avoisinantes et à l'approvisionnement des paysans de l'endroit, cette source est un bienfait du ciel.

Je visitai ces lieux à la septième lune de l'année Koei Mao (1843). Mes devoirs religieux accomplis, je me rendis au bassin J'en admirai la limpidité. Le bonze me dit qu'il ne contenait aucun poisson, mais simplement des crevettes, blotties parmi les algues, et qui se mettaient en rang lorsque le dragon sortait : ainsi les stèles de Kien Long l'attestaient. Il ajouta que c'était là un fait assez exceptionnellement vérifié.

Arrivé à l'embouchure de la rigole je vis justement s'ébattre des crevettes. La source sortait d'une fente des rochers en un mince filet, qui s'écoulait sans bruit dans le bassin en y semant des perles.

Soudain survint un poisson long de deux pouces, tout noir, et qui longeait les pierres. J'appelai mes deux amis et mes domestiques pour le leur signaler. Personne ne le vit. Je me relevai et, tout en faisant le tour de la galerie, produisant un pinceau et de l'encre, je demandai à mon ami Lang Tchai de prendre un croquis, tandis qu'en mon for intérieur je priais l'esprit de se manifester pour que mes dires fussent vérifiés et crus de ceux qui nous accompagnaient.

Au même instant un autre poisson apparut au milieu du vivier; son dos était couvert d'algues. Mes amis et ma suite, tous le virent. Descendant alors jusqu'au bord du bassin, je le saluai et le priai de se laisser contempler de près. Ce poisson se dressa dans l'eau, vint vivement à moi, puis s'arrêta. Long de huit pouces il portait deux cornes, dont la droite était un peu plus courte que la gauche. Ses écailles étaient noires et dorées. Mes amis et ma suite le saluèrent avec révérence.

Le bonze nous félicita de la chance que nous avions eue.

Cet incident m'inspira quelques vers

Pao Tsang Sse
寶藏攀桂

# Pao Tsang Sse

Pao Tsang Sse fut construit sous les Ming par un bonze venu du Thibet et fut d'abord le temple de la Neige Bleue.

Son nom actuel lui fut conféré sous le règne de Tcheng T'ong (1436-1444). Hors de ce temple s'élève une stèle où les huit paysages qu'il domine ont été décrits par le bonze Tao Chen. Dans le temple même coule une source limpide aux eaux douces.

A Pékin, on ne voit guère de canneliers. Ceux qu'on y transplante du sud meurent de froid en hiver partout ailleurs qu'à Yu Hoa Sieou et sur les bords de cette source, qui leur sont des plus favorables. Yu Hoa Sieou étant dans l'enceinte du parc de chasse impérial, les maisons nobles de la ville prirent l'habitude de conserver à Pao Tsang Sse tous leurs canneliers. Ainsi fut consacrée la renommée des ces lieux saints.

Lorsque je les visitai pour la première fois j'y perçus, à mon arrivée, un parfum de cannelle. Je m'en étonnai, étant donné la saison. Une tablette, à la porte du temple, me fixa. Sa cour intérieure était encombrée de canneliers en pots. J'en comptai plus de six cents ; aucun de ces arbustes n'était en fleurs.

Des degrés de pierre me conduisirent d'abord au sanctuaire du Bouddha puis, par une galerie sinueuse, j'accédai à une terrasse où s'élève un pagodon dédié à Koan Yin.

De là je descendis me reposer près de la source et me penchai sur la vasque qui la recueillait. L'eau en est douce. Un passage de l'inscription des huit paysages fait allusion à ses vertus.

Sortant du Temple, je gravis la colline du Sud. Là s'élève le temple des Esprits de la Montagne, dont le vaste bâtiment fait face à l'est.

Le soleil couchant dorait à ce moment la tour de la Fontaine de Jade et les toits du Palais d'Eté. Le coup d'œil était féerique. J'eusse volontiers attendu la lune en cet endroit, mais le ciel était très couvert. Je passai la nuit au pavillon de la Fraicheur.

A ma porte, les fleurs d'un cannelier répandaient leur parfum pénétrant. Le bonze me dit qu'elles étaient écloses du matin. Je compris alors d'où venait le parfum qui m'avait frappé hors des murs. A mon réveil, un peu avant l'aurore, ce parfum était encore plus intense. Le chant des cigales retentissait, très net. Etonné de sa durée, je vins m'asseoir auprès des fleurs. Un papillon et une cigale vinrent s'y poser de concert. J'attrapai la cigale. Mon domestique vit là le présage de ma nomination future au grade d'académicien et le bonze, cassant une branche de cannelier, m'en fit don. Je l'acceptai avec plaisir et l'emportai chez moi. (1)

Je m'enquis à cette occasion du nom vulgaire de la cigale ; "Cho Eurl Tchai", me répondit-on. Ces bestioles viennent de Mongolie et "Cho Eurl Tchai" signifie en mongol "sifflet". Leur chant leur a valu d'être ainsi dénommées, mais on les appelle aussi communément "cloches d'or".

---

*(1) Cueillir un rameau de cannelier est synonyme de remporter un succès littéraire.*

臥佛遇雨
Wo Fou Sse

# Wo Fou Sse

Wo Fou Sse est situé sur la colline des Feuilles de Lotus. Le plus retirée de ses salles contient un Bouddha de cuivre couché, qui vaut à ce temple son appellation courante.

Le nom de "Temple de la Révélation Universelle", qu'il portait jadis, lui fut conféré sous Yong Tcheng. On y accède par une allée bordée de vieux cyprès à l'entrée de laquelle se dresse un portique de céramique à cinq couleurs portant cette inscription de l'Empereur K'ien Long : "Etude en commun des Textes Sacrés"

Je visitai ces lieux le vingt de la septième lune de l'année Koei Mao. Le temps était radieux, le parc de chasse impérial apparaissait au loin.

Plongé dans mes contemplations,je vis monter sur l'horizon des nuées aux formes bizarres, où le soleil mettait des reflets d'or. Ces nuées peu à peu envahirent le ciel.

Les paysans disaient en les montrant du doigt qu'une ondée ne tarderait guère.

En très peu de temps, en effet, la pointe de ces nuages s'assombrit et les hachures de la pluie apparurent. Les riantes couleurs du paysage s'effacèrent soudain, et, quand je pénétrai dans la cour du temple, elle disparaissait sous plusieurs pouces d'eau.

J'allai voir le Bouddha couché. Long de seize pieds, il est en cuivre lamé d'or et recouvert d'un enduit de laque qui simule une robe brodée à cinq couleurs. Je m'enquis de son origine. Aucune stèle n'était là pour la préciser mais j'ai lu, par la suite, dans l'histoire des Yuan, qu'en la première année du règne de Tche Tcheu (1321) cinq cent mille livres de cuivre avaient été fondues en une statue du Bouddha au temple de la Longévité Paisible. Peut être est-ce bien la même ?

Devant la salle qui l'abrite sont plantés deux sala (1). La légende veut que ces arbres aient été apportés là du Thibet sous le règne de Tchen Koan, des T'ang (627-649). Je demandai en quelle saison ces arbres produisaient leurs fleurs. Le bonze me répondit : entre printemps et été. Leurs bourgeons sont gros comme le poing et chacun d'eux donne naissance à neuf fleurs rouges et blanches. Quant à leurs graines, elles passent pour guérir les maladies de cœur. Ces arbres, qui ont inspiré les Empereurs K'ang Hi et Yong Tcheng, sont d'une excessive propreté ; les oiseaux ne s'y posent pas et on n'y voit pas de chenilles.

A ma sortie du temple, je m'arrêtai au portique de céramique, dont les fleurs en relief et les couleurs vives sont d'un travail minutieux, incomparable.

Les dalles du chemin brillaient après la pluie. Le coup d'œil était charmant.

Sur une stèle, je lus avec respect cette composition de l'Empereur Yong Tcheng :

..." Passant un jour par la ville de Wang Che Wei, le Bouddha dit qu'au cours de ses périgrinations il se connaissait quatre attitudes, que tantôt il marchait, se tenait debout, assis ou couché, et que vivre en une clarté toujours silencieuse était comme reposer sur le chef même de Vairocana, où l'on ne nourrit plus de pensers chimériques. Le repos du Bouddha n'est-il pas une révélation pour l'Univers ? Nous avons choisi ce nom de Révélation Universelle pour l'édification des générations à venir"...

L'intelligence de l'Empereur est vraiment divine. Sa subtile compréhension n'est pas celle du commun des hommes. Sa sagesse est vraiment la Sagesse Suprême.

---

*(1) Sala : nom de l'arbre sous lequel mourut le Bouddha.*

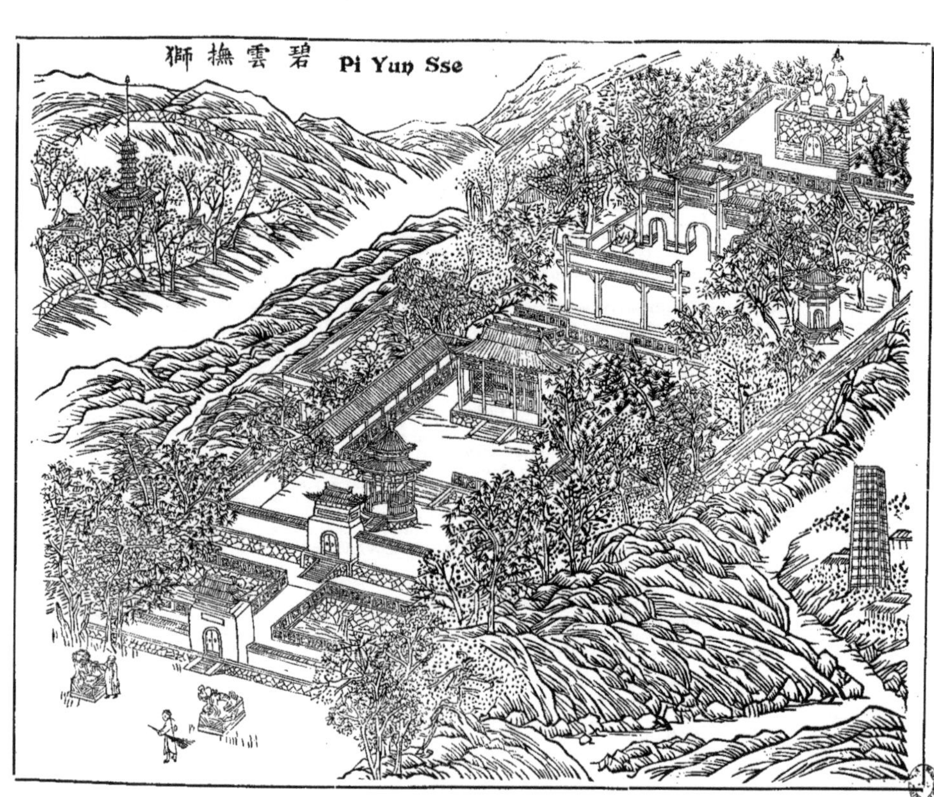
碧雲撫獅
Pi Yun Sse

# Pi Yun Sse

Pi Yun Sse se trouve à trois lis environ du temple du Bouddha couché, dans l'enceinte du Parc de Chasse impérial. Deux lions de pierre, d'une sculpture très fine, en gardent l'entrée.

Guidé par le bruit d'une eau courante, je pénétrai dans ce temple par une porte latérale et traversai d'abord la salle des Loue Han, imitée de celle du Temple de la Miséricorde Paisible à Hangtchéou. Cinq cents statues s'y trouvent rassemblées.

Puis, gravissant quelques dizaines de marches, j'arrivai à la Tour du Trône de Diamant par une cour où se dresse un portique de pierre portant cette inscription de l'Empereur Kien Long : " Retraite paisible d'Amitabbha de la Terre Fortunée d'Occident."

La tour elle-même comporte trois étages.

A sa partie supérieure on a ménagé une niche et sept petits stupas de marbre la couronnent. Si l'on doit reconnaitre plus de majesté au trône sacré de Ou T'a Tse, celui-ci inspire à mon avis un plus grand recueillement.

En avant, et de chaque côté de ce monument, deux pavillons de forme hexagonale abritent des stèles portant une inscription en mandchou, mongol, chinois et thibétain, composée par Kien Long en la treizième année de son règne (1748 .

Après l'avoir déchiffrée, je m'en revins en parcourant des yeux, à ma gauche, la tour du Po T'a La (1) et les pavillons du temple, dont les tuiles dorées reflétaient le ciel.

Sur la droite, un fortin altier frappa ma vue. J'appris qu'il avait été construit lors de l'expédition contre les Eleuths, pour l'exercice du canon.

En ces temps là, le prestige de l'Empereur s'étendait au loin. Il ne regardait pas à la dépense pour entrainer ses armées. Nous en avons la preuve.

En quittant le temple, je me remémorai que l'ermitage de Pi Yun avait été fondé sous les Yuen. Sous les Ming, le fermier général Yu K'ing le développa. Il l'érigea en temple et y fit préparer son tombeau, mais mourut en prison.

A son tour Wei Tchong Sien, l'eunuque rebelle, restaura le temple, avec l'idée d'y être enseveli. Il dressa des stèles, y grava ses titres et fit appliquer dans les salles d'offrande les rites réservés à l'Empereur. Après son exécution, ses partisans enterrèrent en secret ses vêtements à Pi Yun Sse.

Sous le règne de K'ang Hi, le Censeur Tchang Yuan fit un rapport à l'Empereur pour que ce cénotaphe fût rasé. J'ai trouvé là le sujet du poème suivant :—

..."Des cinq cents temples des précédentes dynasties, plus de la moitié furent l'œuvre d'eunuques. Construits sous le prétexte de prier pour la longue vie de l'Empereur, en fait c'étaient plutôt des lieux de repentance. En les rasant, notre Sainte Dynastie a montré l'austérité de ses moeurs et, dans ces lieux purifiés, Elle rend au Bouddha son hommage. Deux lions de pierre subsistent seuls des sépultures projetées. C'est en vain qu'il y fut travaillé."

---

*(1) Montagne située au nord de Lhassa, où réside le Dalai Lama.*

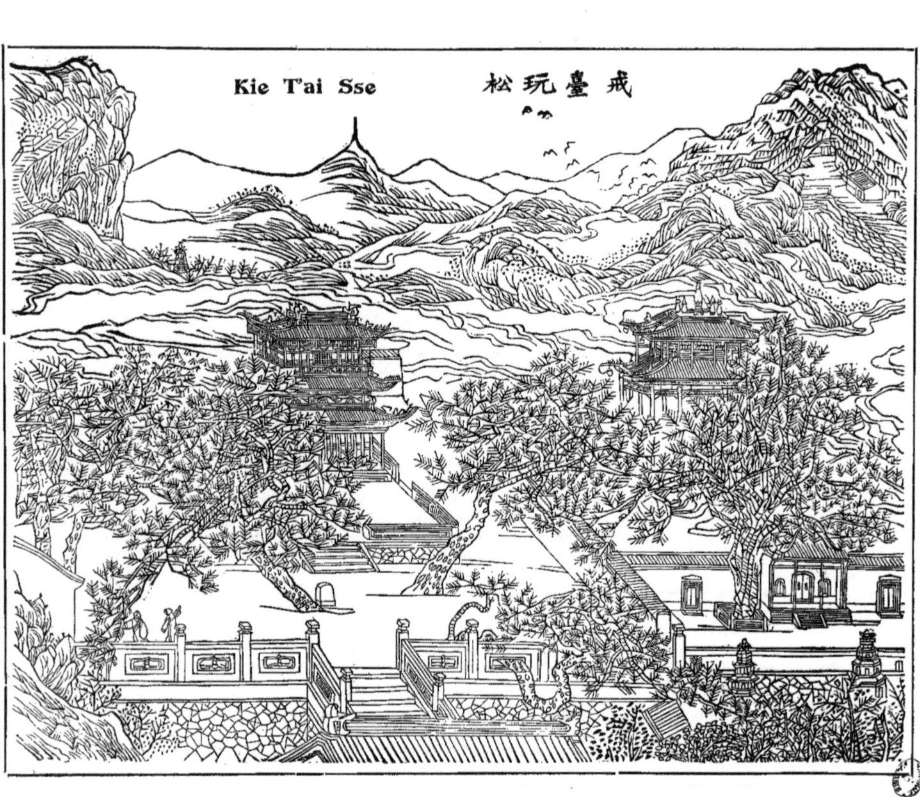
Kie T'ai Sse
戒臺玩松

# Kie T'ai Sse

Kie T'ai, (l'autel des ordinations bouddhiques), s'élève à l'ouest de Pékin, sur la montagne de la Selle. au temple des Dix Mille Longévités.

Construit sous le règne de l'Empereur Ou Teu, des T'ang, (620-627), ce temple reçut des Ming son nom actuel.

A la sixième lune de l'année Koei Mao, des amis me convièrent à assister à l'exposition annuelle de ses livres sacrés. L'un d'eux me fit don, au moment du départ, d'un "Je Hia Kieu Wen". (1)

Nous atteignîmes Kie T'ai Sse par une route aux multiples lacets. Dès que nous en eûmes franchi la porte, nous vîmes le Pavillon des Mille Bouddhas dresser devant nous sa silhouette rouge, tandis que l'ombre verte des pins de la cour intérieure semblait joncher le sol.

Une stèle, en cet endroit, porte gravés des vers dédiés par Kien Long au Pin Tremblant. Le tronc de ce pin est énorme mais, pour peu qu'on touche à ses branches, l'arbre entier est ébranlé. La chose est à peine croyable.

Deux autres pins de la même cour, l'un couché à terre, l'autre incliné, figurent assez bien des dragons qui se pourchassent.

Dans la cour nord du temple, le pin dit des Neuf Dragons est à demi dépouillé d'une écorce blanche, qui donne l'impression d'écailles ondoyantes. Une de ses branches, appelée le Nid du Phénix, pend comme une traine verte.

On accède à l'autel des ordinations par une porte de cette cour. Un portique le précède avec l'inscription : "Lieu d'élection des Bouddhas". L'autel lui-même s'élève au milieu d'une salle. Tout en marbre, surélevé de trois marches, il porte en son milieu une estrade où sont disposés les Sièges des Dix Grands Maitres de l'ordination. Ces sièges sont entourés par les génies qui président à la cérémonie. L'ordonnance du bâtiment est vaste et magnifique. Il n'en existe pas de semblable au monde.

Le lendemain de mon arrivée, j'assistai de bonne heure à l'exposition des livres sacrés puis, par le pont du Ciel, je montai au belvédère des Mille Bouddhas. Le Hoen Ho déroulait, dans la plaine, sa boucle brillante. Un pic se dressait au loin, qui semblait fait d'un jade merveilleux. Je m'enquis de son nom. On me dit : "Ki Leue Fong" Joie Souveraine).

Je m'y fis porter en chaise et me rendis de là à la grotte de Hoa Yang, communément dite de P'ang Kiuen (2). Près de son entrée, une tour de pierre porte sculptées sur toutes ses faces des images du Bouddha. Je regardai en me baissant au fond de la grotte, qui me parut profonde comme un puits. Quand des visiteurs y pénètrent avec des torches, des nuées de chauves souris en sortent apeurées. Le spectacle est des plus curieux.

De retour au temple, j'y saluai les portraits de deux académiciens de mes prédécesseurs qui, de leur temps, avaient été très épris de la montagne, puis je me mis en quête de mon hôte, le supérieur, pour prendre congé de lui.

Ce saint homme m'offrit des prunes vertes et me dit que des paysans en avaient présenté de semblables à K'ang Hi, au cours d'un séjour qu'il avait fait en ces lieux, en la vingt cinquième année de son règne. Je goûtai ces fruits et les trouvai exquis.

De retour chez moi j'interrogeai sur ce point d'histoire les œuvres de maitre Kao.

Le fait était bien exact.

---

*(1) "Je Hia Kiou Wen", (anciens récits entendus sous le soleil), ouvrage publié pour la première fois à la fin du XVIIème siècle, revu et augmenté au XVIIIème par ordre de l'Empereur. Description historique et archéologique, en 190 volumes, de Pékin et des vingt six districts qui en dépendent.*

*(2) P'ang Kiuen : général de Wei qui fit mutiler son rival Soun Pin et qui, ruiné par lui, se suicida en 341 avant notre ère. (Wieger, La Chine à travers les âges).*

Ta Kio Sse
大覺臥遊

# Ta Kio Sse

Ta Kio Sse se trouve sur la pente de Miao Fong Chan, à vingt lis du col de Kin Chan. De loin il semble qu'il n'y ait là qu'une éminence unique mais, en se rapprochant de la montagne, on y découvre quantité de petits sommets distincts aussi drus que les pointes des pousses de bambou.

Le plus élevé est celui du Pic Merveilleux (Miao Fong), où s'élève un temple, dédié à la Mère des Génies Célestes, qui est un lieu de pélerinage très couru.

Au printemps et à l'automne, à la fête de ce temple, les pélerins s'y rendent en file ininterrompue.

Ta Kio Sse se trouve sur leur route.

Si l'on en croit l'histoire, ce temple s'élève sur l'emplacement d'un ancien palais de l'Empereur Tchang Tsong (1), des Kin, et fut construit sous les Ming.

En la cinquante neuvième année du règne de K'ang-hi (1720), l'Empereur Yong Tcheng, alors prince héritier, le fit restaurer et appela le bonze Sing Yin à le diriger.

L'Empereur Kien Long compléta cette restauration en la douzième année de son règne (1747), dota différentes salles de tablettes votives et fit ériger pour les bonzes des logements qui reçurent le nom de « pavillons où se reposent les nuages ».

Deux sources pénètrent dans le temple par des ouvertures ménagées dans ses murs et viennent, en longeant ses pavillons, se jeter dans un vivier de la cour intérieure. Leur eau limpide paraît très froide. On y voit s'ébattre quantité de poissons.

Deux canalisations sinueuses drainent le trop plein de cette eau vers un bassin carré, creusé devant la porte du temple, et franchi par un pont de pierre.

Le 22 de la septième lune, je passai là à mon arrivée à Ta Kio Sse.

J'avais entendu dire que les lotus du bassin étaient blancs d'un côté du pont et rouges de l'autre, mais le bonze m'expliqua que par suite de réparations, faites cette année là, leurs fleurs ne s'étaient pas épanouies.

Dans le temple je visitai le bâtiment dit des Sept Salles. De chaque côté de la niche sainte dressée en son milieu, je vis des lits de brique assez vastes pour que cent personnes pussent s'étendre sur chacun d'eux, car ce bâtiment est long de deux cents pieds.

On dit qu'avec l'Autel des Ordinations (Kie T'ai) il est unique en son genre.

De là j'allai aux pavillons où se reposent les nuages. On nous y prépara un repas maigre, agrémenté de thé à l'eau de source. Puis un de mes amis s'en fut causer avec le bonze. Un autre se mit à peindre. Le troisième prit congé pour raisons d'affaires.

Quant à moi, époussetant mon lit de bambou, et y dressant mon oreiller, je me couchai, prêtant l'oreille au gai babil des sources. Plus leur chant était bruyant, et plus je me sentais au calme.

Rêvant d'un paradis où j'errais comme détaché de ce monde, je revins à moi plus tard, juste assez pour percevoir que le chant des cigales s'était atténué et que les oiseaux s'étaient tus, et je me rendormis.

A mon réveil je bus du thé parfumé et me pris à évoquer les dix années où, préposé à la lutte contre les crues d'automne, je sentais battre mon cœur au moindre clapotis (2).

Comment en ces temps là, eussé-je pu m'endormir aussi paisiblement au bruit des eaux ?

Le temple avait nom «Grand Réveil». J'étais bien réveillé.

---

*(1) 1190-1208.*
*(2) Lin K'ing avait été pendant plusieurs années en charge des digues du Fleuve Jaune.*

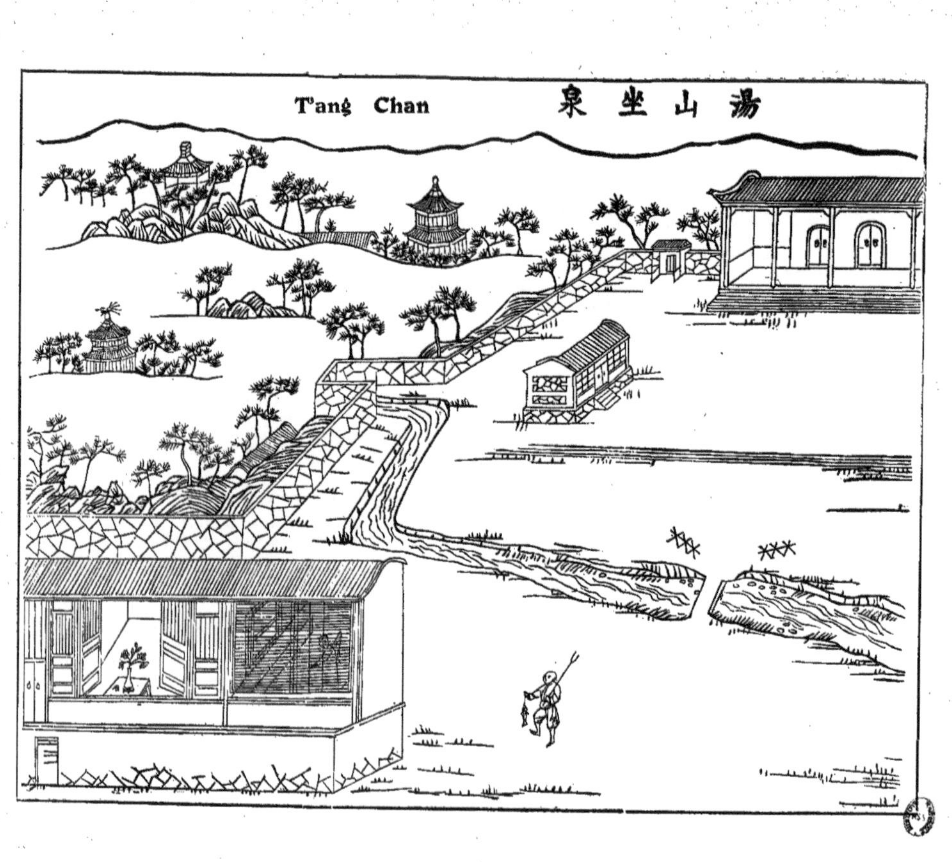

T'ang Chan 湯山坐泉

# T'ang Chan

Rentré à Pékin à la troisième lune de l'année I-Seu (1745) j'y fus, deux jours de suite, appelé en audience au Palais. L'Empereur voulut bien s'enquérir des rhumatismes dont je souffrais aux jambes. Je l'assurai que mes forces me permettaient encore de le servir, mais il me répondit que le climat d'Ourga était trop froid et ne convenait pas à mon mal. Je me prosternai avec respect. Peu après paraissait un décret disant :—

. . . « Au cours d'une audience, il Nous est apparu que la santé du Résident d'Ourga, Lin K'ing, était satisfaisante, mais que sa maladie de jambes n'était pas complètement guérie. Nous ordonnons qu'il soit relevé de ses fonctions, afin de se soigner en paix. Sitôt rétabli, qu'il sollicite une nouvelle audience. Respect à ceci ! » . . .

En respectueuse reconnaissance de cette grâce impériale je composai un poème dont une rime faisait allusion à mon désir, rendu vain par la faveur du Maître, de jeter mon pinceau et de repartir pour Ourga (1).

Quelque temps après le prince Ting me fit don d'un onguent à base d'os de tigre et de graisse d'ours. Comme mon neveu me conseillait une cure à T'ang Chan je lus, à l'appui de ses dires, ces vers de l'Empereur Kien Long :

. . . « Les eaux chaudes sont propres à guérir le mal.
Il Nous est revenu qu'elles émanent du soufre » . . .

et, un beau jour, je partis pour T'ang Chan.

Un Palais de voyage impérial y contient maints sites célèbres, dont l'accès est rigoureusement interdit au commun des mortels.

A l'entour de ses murs, les particuliers ont creusé de nombreux bassins pour recueillir les eaux de la source et les ont recouverts de cabines. Hommes et femmes peuvent, sans gêne aucune, s'y baigner.

Je sortis pour ma part, de mon premier bain, aussi net et délassé que jadis de la Source de Hoang Chan.

Le recueil « Yen Pei », des Song, mentionne, comme on le sait, sept sources célèbres. Le « Tan K'ien Tsong Lou », (2) des Ming, en énumère un certain nombre d'autres.

De toutes ces sources, celle de Li Chan (3) est la plus courue, celle d'An Ning la plus claire, celle de Tsuen Hoa la plus chaude.

A l'origine des sources chaudes on trouve toujours des gisements de cinabre ou de soufre. Celle de Hoang Chan est à base de cinabre, mais cette source est à T'ien Tsu et les gens y vont rarement. Bien qu'elle ne soit que sulfureuse, la source de T'ang Chan, voisine de la Capitale, a retenu l'attention impériale. Il est donc naturel qu'elle occupe une place d'honneur. On y prend des poissons excellents et le lotus y fleurit tôt.

Cette fleur était chère à l'Empereur Kien Long, qui l'a célébrée dans les vers suivants :

« Taillée dans les nuages colorés du couchant, sa robe est infiniment légère. Dès la quatrième lune, tout un printemps coloré couronne fériquement le vase qui la contient. Emergeant des eaux tièdes, délicate, elle reste sans force, soutenue par les esclaves qui s'empressent autour d'elle. »

J'explique la fin de ce morceau par la présence, en un même vase, de lotus et de pivoines.

---

*(1) " Jeter le pinceau ": Allusion au fameux Pan Tch'ao, des Han Postérieurs. Employé aux écritures dans un prétoire, charge qu'il avait acceptée pour venir en aide à sa mère, ce personnage jeta un beau jour son pinceau en s'écriant : " Un homme de coeur comme moi doit, à l'exemple de Fou Kiai Tse et de Tchang K'ien, aller cueillir des honneurs à l'étranger. A quoi bon servir plus longtemps en qualité de scribe ? " Il partit donc pour les pays du Turkestan où, à la tête de trente-six hommes seulement, il conquit plus de cinquante royaumes, sans que ce résultat coûtât au Trésor un seul boisseau de grain. (C. Pétillon. Allusions littéraires).*

*(2) Traité d'alchimie et de morale, résumé des ouvrages de Yang Chen fait par son disciple Leang Tsouo, sous la dynastie Ming, (Wieger—La Chine à travers les Ages.)*

*(3) Au sud est de la sous préfecture de Lin T'ong, au Chensi.*

*Cette source, où l'empereur Ming, des T'ang, aimait à se baigner, prend naissance sur une montagne célèbre dans les annales chinoises. Elle domine, en effet, les lieux où l'empereur You Wang, des Tcheou, trouva la mort, et ceux où le fameux Che Hoang Ti, des Tsin, est enterré.*

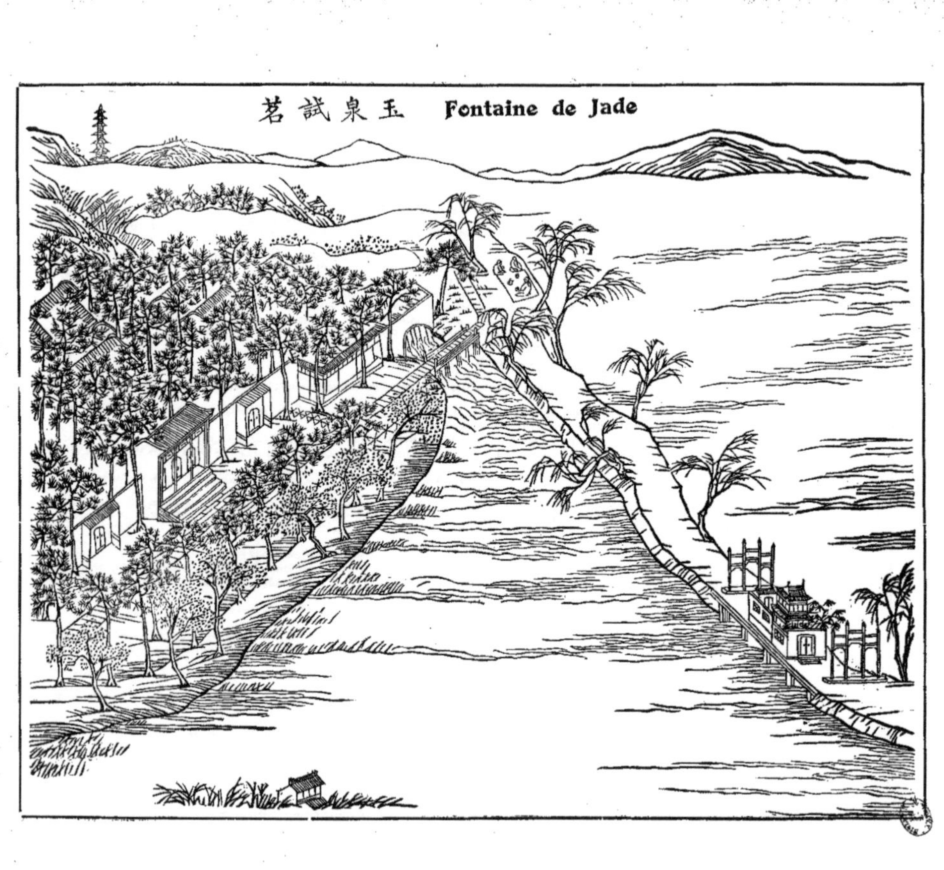

玉泉試茗 Fontaine de Jade

# Fontaine de Jade

A la Fontaine de Jade, on ne voit que des eaux vives ; elles coulent de partout, du sable aussi bien que des roches, et, au sud d'une colline, jaillissent en bouillonnant à près de trois pieds de hauteur.

C'était là ce que jadis on appelait l'« Arc en Ciel de la Source de Jade ».

Un beau jour, cependant, l'Empereur Kien Long fit remarquer qu'on pouvait, à la rigueur, assimiler une cascade à l'arc en ciel, mais que la Fontaine de Jade évoquait plutôt l'idée d'un jaillissement.

Le nom de la source fut par lui changé en celui de « Jaillissement de la Fontaine de Jade ».

Cette fontaine coule aujourd'hui dans le Jardin de la Clarté Paisible qui, d'après ce que j'en sais, remonte au règne de K'ang Hi, et qui occupe l'emplacement d'un ancien palais de l'Empereur Tchang Tsong, de la dynastie Kin. Ce jardin contient deux étangs, dont le trop plein se déverse dans le lac de K'oen Ming, (Palais d'Eté).

Je le visitai par un jour de soleil.

L'eau des étangs était merveilleusement limpide et leur fond de sable paraissait d'or. Les lotus embaumaient. Voltigeant de çà de là, des oiseaux se posaient au loin. A perte de vue ce n'étaient que rizières ; on eût dit tout à fait un paysage du sud.

M'asseyant à l'ombre des saules, je puisai de l'eau, disposai un petit foyer de bois sec, et préparai du thé que je trouvai exquis.

L'eau dont je m'étais servi était vraiment la reine des eaux de source.

Avec respect je lus à son sujet l'inscription suivante de l'Empereur Kien Long :

... « Les qualités qui font apprécier l'eau sont sa douceur au goût et sa légèreté. Un gobelet d'argent, fabriqué dans ce but, Nous a permis de comparer l'eau de la Fontaine de Jade à celle de diverses autres sources.

Chaque gobelet de cette eau pèse une once et Nous l'avons trouvée plus légère qu'aucune autre.

L'eau des neiges, seule, pèse trois « lis » (x) de moins, mais on ne saurait s'en procurer constamment, et, des eaux de la montagne, aucune ne surpasse celle de la Fontaine de Jade.

Lou Yu et Liou Pai Tch'ou décernèrent jadis la première palme, l'un à la source de Lou Chan, l'autre à celle de Kin Chan. Bien qu'en l'occurrence leur jugement ait été influencé par l'amour du pays natal, en fait, d'après le poids de ces eaux, ils ne s'étaient pas trompés de beaucoup. Il est regrettable qu'ils n'aient point visité Pékin » ...

Ainsi l'Empereur lui-même a placé la Fontaine de Jade en tête de toutes les autres sources. Tu es fortunée, première source de l'Empire ; plus fortunés encore sont ceux qui boivent ton eau.

---

*(x) " li " : un millième d'once.*

居庸挹翠 Tombeaux des Ming

# Tombeaux des Ming

Autorisé par faveur impériale à me rendre aux thermes de T'ang Chan, je fus, au moment d'en partir, interpellé par mon hôte : « Les tombeaux des Ming, à Kiu Yong, sont tout près, me dit cet homme, que n'allez vous les voir ! ». Je suivis ce conseil.

Faisant route par la préfecture de Tch'ang P'ing, j'aperçus au loin la passe de Kiu Yong. Un sentier s'y élevait en lacets entre deux montagnes verdoyantes. Couronnant l'une d'elles, une tour profilait sur les nuages sa silhouette altière.

Longue de quarante cinq lis, la passe de Kiu Yong est obstruée de pierres de toute taille, qui gênent considérablement la marche.

Arrivées là, les voitures ordinaires doivent déposer leurs charges ; on enlève leurs roues et on les met sur des bêtes de somme. Seule la charrette du type « hing hing », à brancards courts, à roues épaisses, et trainée par des boeufs, peut affronter ce défilé. Un seul conducteur du pays peut en mener une dizaine sans qu'aucune ne verse.

La passe de Kiu Yong marque une étape importante sur la route pénible et longue conduisant vers la Mongolie et les villes de la frontière, perdues au loin dans les sables.

Dispensé, pour ma part, de me rendre à Ourga, et pénétré jusqu'aux moelles de reconnaissance pour cette grâce de l'Empereur, je longeai vers l'est la montagne dite de la Longévité Céleste et découvris tout à coup devant moi les treize tombeaux des Ming.

En la neuvième année de Choun Tche, (1652), sous notre dynastie, un décret impérial prescrivit aux autorités locales d'interdire aux manants de couper des arbres et de ramasser du bois à l'entour de ces tombes, et ordonna qu'elles fussent sévèrement gardées. En la seizième année du même règne, fut construit le Seu Ling, tombeau de l'Empereur Tchong Tcheng (1), des Ming. Choun Tche chargea son conseil privé de rédiger à cette occasion une composition littéraire adéquate.

Sous le règne de Yong Tcheng, Kin Tche Kiu, descendant des Ming, se vit conférer le titre de marquis ; sa famille reçut la charge héréditaire des sacrifices à rendre aux mânes des empereurs défunts.

En la cinquantième année de son règne, (1785), Kien Long ordonna, par décret, la restauration des tombeaux des Ming. Une somme d'un million de taels fut prélevée dans ce but sur le Trésor impérial et on redoubla d'égards pour la dynastie vaincue.

Combien cette manière d'agir diffère de celle de l'empereur T'ien K'i, des Ming, qui fit trancher les veines au dragon des tombes de la dynastie Kin ! Grâce aux soins qu'on en prit, les sépultures des Ming ont pu subsister jusqu'à nous dans leur intégrité.

Le Tch'ang Ling, est la plus grande de toutes.

Sur la route qui y conduit, on rencontre d'abord le portique de pierre des Cinq Phénix, trois portiques de céramique jaune et un pagodon recouvrant la stèle de l'Allée des Esprits. Derrière ce pagodon s'élèvent six colonnes de pierre sculptée, puis le chemin est bordé de vingt quatre statues représentant des lions, licornes, chameaux, éléphants, rhinocéros et chevaux de pierre, et de douze statues de gardes des tombes. (2)

Le parc funèbre est traversé par quatre cours d'eau sur lesquels des ponts de pierre ont été jetés. Après les avoir franchis on accède, par une pente, à la porte du Tch'ang Ling. Le mur d'enceinte de ce tombeau et les pavillons qui le surmontent sont d'une ordonnance pleine de majesté et conforme aux prescriptions rituelles.

Le porte et la salle de Ling En, (Palais des Bienfaits des Mânes), sont encore plus grandioses.

A l'intérieur même du tombeau, une stèle se dresse. Haute de quarante pieds, épaisse de deux pieds et demi, elle est enduite d'un vernis rouge vif et on la croirait taillée en pierre de Tch'ang Hoa. A son sommet, deux dragons enlacés encadrent ces mots : « Tombe de l'Empereur Tch'eng Tsou (3) de la Grande Dynastie Ming ».

Ma visite terminée, je m'en revins, non sans me retourner en chemin. Les montagnes et la passe étaient d'un violet profond, sur lequel tranchait le vert tendre des arbres des tombeaux. Estompée dans la brume et les fumées du soir, cette verdure était si fraiche qu'on eût voulu la prendre dans ses mains. Quand je ralliai T'ang Chan, le soleil avait disparu.

---

*(1) Dernier empereur Ming (1628-1644). L'histoire relate qu'à la prise de Pékin par les Mandchous, cet Empereur se pendit à un arbre de la Montagne de Charbon qui, jusqu'à ces dernières années, portait encore des chaines destinées à le punir de sa complicité dans ce crime de lèse-majesté.*

*(2) En Chinois "ong tchong."*

*D'après certains auteurs, ces statues devraient leur nom à Yuen Ong Tchong, Général de Che Hoang Ti, qui, par un courage que relevait encore une taille gigantesque, semait l'effroi parmi les Huns.*

*A sa mort, on lui érigea une statue, dont la vue seule en imposait toujours à ces Barbares. (C. Pétillon. Allusions littéraires).*

*(3) Troisième empereur Ming, Tch'eng Tsou, ou Yong Lo de son nom dynastique, prit le pouvoir en 1403 et mourut à la septième lune de l'année 1424.*

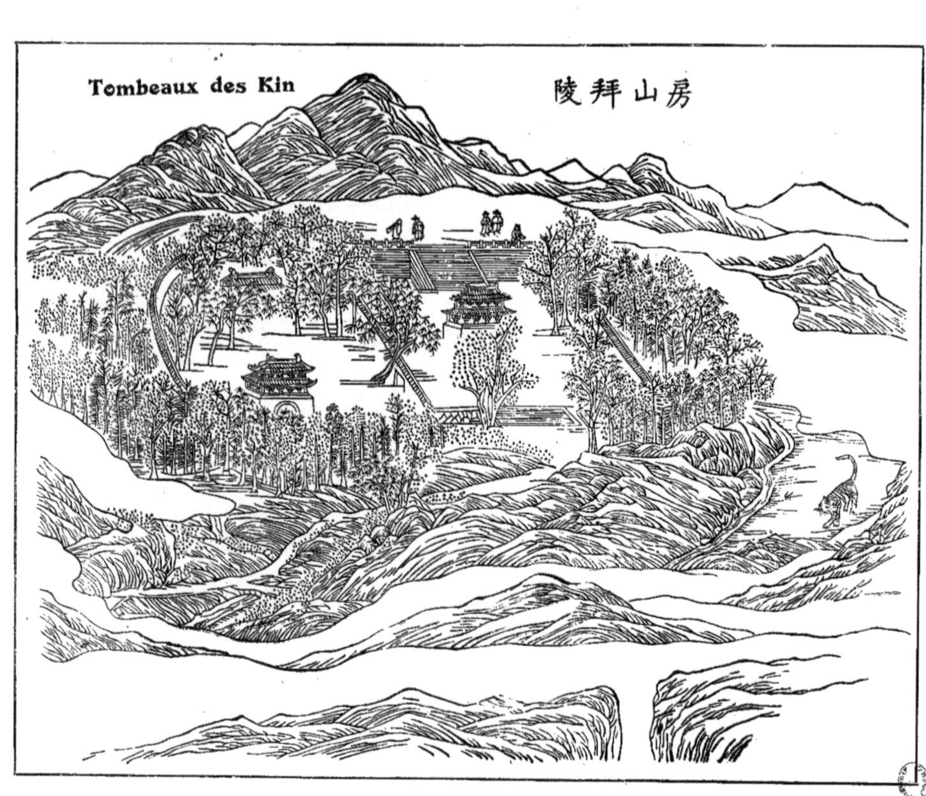

Tombeaux des Kin

房山拜陵

# Tombeaux des Kin

La sous-préfecture de Fang Chan se trouve à l'ouest de Pékin. Connue par le temple de Chang Fang, les grottes de Hong Choei, le pic de Hong Louo et d'autres sites célèbres, la chaine de collines de Ta Fang y court du nord au sud, sur une centaine de lis.

Directement à l'ouest de cette chaine, le Pic des Nuages recèle le Lien San T'ing, où se trouvent le tombes de T'ai Tsou (1) (Joei-ling) et celle de Che Tsong (2) (Hing-Ling), de la dynastie Kin

Dix sommets encadrent ces tombes ; deux cours d'eau y réunissent leurs eaux. L'Empereur T'ien Tchi des Ming, sur les conseils de géomanciens du Leao Tong, entama jadis le repli de la montagne où elles s'élèvent afin de laisser s'échapper du sol les effluves favorables. Il détruisit tombeaux et temples pour accabler les vaincus.

En la troisième année de son règne cependant, l'Empereur T'ai Tsong, de notre dynastie, força la passe de Shan Hai Kwan au cours d'une expédition heureuse contre les Ming, (1629), et dépêcha un prince aux tombeaux pour y présenter ses devoirs aux mânes des empereurs défunts.

A l'avènement des Tsing un décret impérial prescrivit la restauration des tombes, interdit d'y ramasser et d'y couper du bois, préposa cinquante familles à leur garde, et instaura des sacrifices de printemps et d'automne.

Les Empereurs Choun Tche et K'ang hi composèrent des inscriptions et firent dresser des stèles commémoratives.

En la dix huitième année K'ien Long, l'Empereur visita le Joei Ling pour y sacrifier en personne et préposa le Grand Chancelier A Ko Toen aux sacrifices du Hing Ling. Ordre fut donné aux descendants de la famille Ouan Yen, des Kin, d'être présents à ces cérémonies. Mon grand aïeul Mien Tchai, qui occupait alors les fonctions de rédacteur dans un Ministère, y prit part et reçut en don de l'Empereur une pièce de satin de P'eng et deux escarcelles.

Au total, les cinquante neuf branches de notre famille disséminées dans les huit bannières réunirent quatre vingt seize fonctionnaires qui assistèrent, au bas de la salle, à ces sacrifices. Suivant le Grand Chancelier ils allèrent ensuite à Tchouo Tcheou remercier l'Empereur. Plus tard il fut procédé à la révision du Registre Général des Huit Bannières; la famille Ouan Yen y figurait au vingt huitième livre. K'ien Long prescrivit de l'inscrire désormais au premier et tous les descendants des Kin furent ainsi touchés par la grâce impériale.

En tant que vingt-quatrième descendant d'un collatéral de l'Empereur Che Tsong, je nourrissais depuis longtemps le très vif désir d'aller me prosterner à sa tombe mais, lié par mes fonctions, je n'en avais jamais trouvé l'occasion. J'avais d'ailleurs entendu dire que les vieilles montagnes qui entourent les tombes et leurs forêts profondes contenaient de très nombreux repaires de tigres.

A la huitième lune de l'année I Sse (1845), je pus enfin entreprendre de réaliser mes projets et visitai les tombes en compagnie de mes deux enfants, d'un bonze du voisinage, et de gardes munis de lamelles de bambou et de fusils.

Comme j'achevais mes dévotions, un vent soudain fit bruire les feuilles et j'entendis crier : « Au tigre ! ». Montant en hâte sur une terrasse, je vis un daim disparaître au loin en bondissant, puis un tigre vint boire à la source voisine. Mes gens dirent que c'était le tigre sacré qui gardait les tombes et qu'il ne fallait point l'effrayer.

Peu après, le vent cessa et le tigre s'en fut. (3)

Libéré de mes fonctions depuis trois ans, j'avais, après six mois de séjour à Pékin, entrepris de parcourir les montagnes avoisinantes. Il me manquait d'avoir exploré celles du sud-ouest. Profitant de ce voyage, je visitai Chang Fang et Si Yu, heureux de saluer la tombe de mon ancêtre, et non moins heureux de pouvoir ainsi compléter mes explorations.

---

*(1) T'ai Tsou — (1115-1123)*

*(2) Che Tsong — (1161-1189)*

*(3) L'auteur a sans doute cru vérifier à cette occasion l'exactitude du dicton chinois qui veut que "le nuage accompagne le dragon, le vent le tigre".*

*Pour les Chinois, il existe une corrélation entre le tigre, animal féroce, et le vent, élément destructeur : aussi les rugissements de l'un provoquent-ils nécessairement l'autre. (C. Pétillon, Allusions littéraires.)*

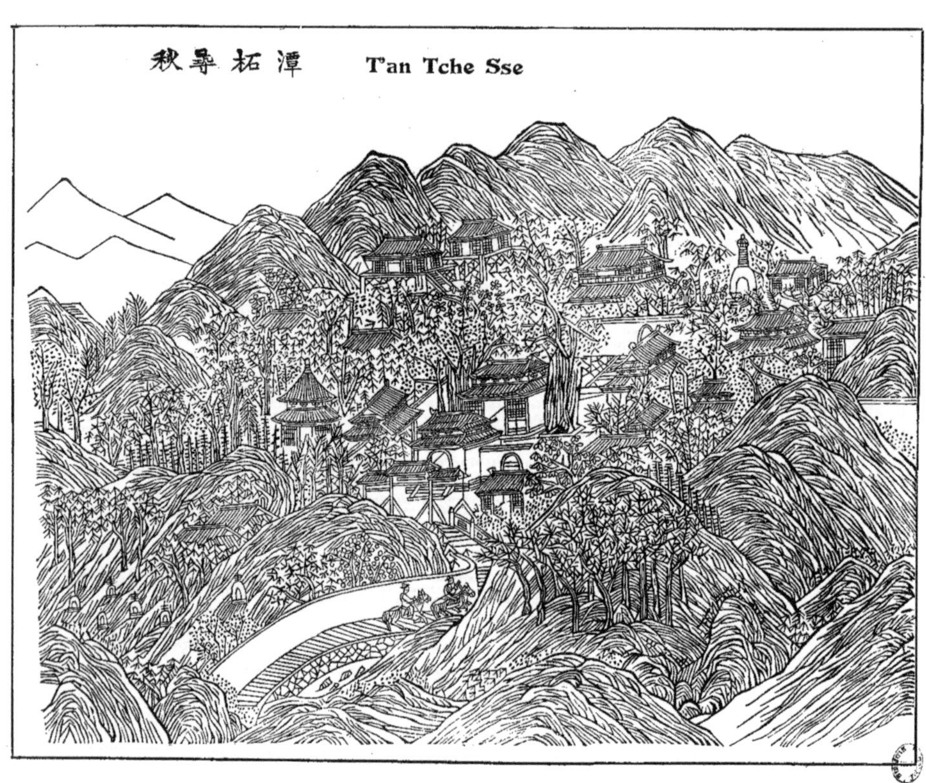

潭柘尋秋 T'an Tche Sse

# T'an Tche Sse.

**Les sites les plus pittoresques des environs de Pékin sont, pour la plupart, occupés par des temples, dont les plus beaux sont ceux de Pi Yun Sse, Siang Kie et T'an Tche Sse.**

**Le deux premiers étaient depuis longtemps connus de moi. Quant au troisième, je ne pus réaliser qu'en l'année Jen Ou (1822) le projet que j'avais fait de m'y rendre.**

**Sous les Tsin, T'an Tche Se fut d'abord le temple de la Belle Félicité puis devint, sous les T'ang, celui de la Source du Dragon.**

**Un proverbe disait jadis : « T'an Tche d'abord, et puis Pékin."**

**C'est le temple le plus ancien de la région.**

**L'empereur K'ang Hi, y étant venu en visite, changea son nom en celui de « Nuages de la Montagne » et il y fit construire un palais de voyage, qui renferme maint coin charmant.**

**La légende veut qu'à l'origine l'emplacement actuel de ce temple ait été occupé par un bassin.**

**Sous les T'ang, comme le Vénérable Hoa Yen prêchait là, un dragon vint s'associer à ses prières et le pria d'accepter le bassin où il avait coutume de se tenir pour y édifier un temple.**

**Une nuit, vent et pluie firent rage, le dragon disparut, le bassin se combla. Jusqu'à ce jour pourtant, la source qui l'alimentait n'a pas cessé de couler.**

**Un mûrier légendaire, qui se trouve non loin de là et qui vaut au temple son nom actuel, est mort depuis longtemps.**

**Haut de neuf pieds, il est abrité par un pavillon recouvert de tuiles, dont le toit est orné de chimères d'une extrême finesse. On dit qu'elles remontent aux dynasties Kin et Yuan.**

**Lors du séjour que je fis là bas, l'air était embaumé par les senteurs exquises des arbres de la montagne. La forêt avait revêtu des tons ravissants. Temples et tours de pierre surgissaient de son sein et les nuances claires et foncées alternaient en un délicieux mélange.**

**C'était un vrai paradis terrestre.**

**Assis à la porte du temple, nous eûmes plaisir à rappeler des anecdotes relatives à la coutume qui veut qu'à même date, chaque année, on monte sur les hauteurs.**

**Plus de quarante se présentèrent à notre mémoire.**

**Ce jour là se trouvait précisément être le neuf de la neuvième lune. (x)**

---

*(x) La fête du 9 de la 9ème lune, (Chung Yang), aurait ses origines dans l'aventure d'un lettré des Han, nommé Huang Ching. Prévenu par son maître qu'une calamité terrible se préparait et qu'il n'y échapperait qu'en se réfugiant sur les hauteurs avec les siens, Huang suivit l'avis qui lui était donné et s'en trouva fort bien. Pendant son absence, sa maison fut en effet dévastée et tous ses animaux domestiques périrent. Huang apprit avec plaisir, à son retour, qu'ils étaient morts aux lieu et place des siens et de lui même. Depuis lors, l'habitude s'est perpétuée en Chine de gravir une hauteur chaque année, en souvenir de lui, le 9 de la 9ème lune, pour conjurer les mauvais sorts.*

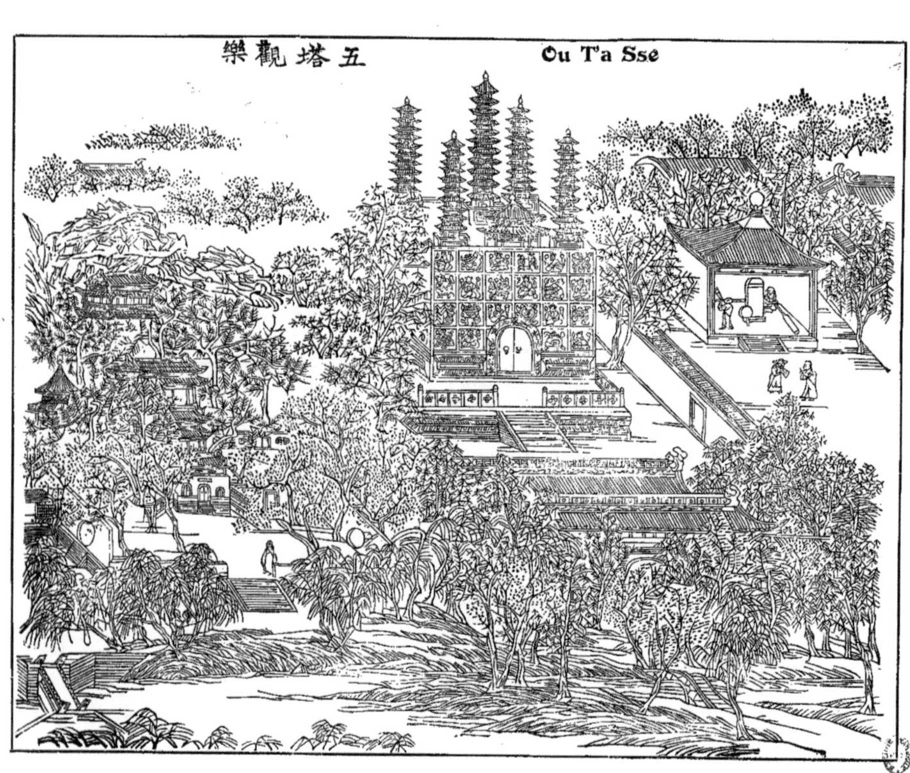
五塔觀樂
Ou T'a Sse

# Ou T'a Sse

Situé en dehors de Si Tche Men, Ou T'a Sse (le temple des Cinq Tours) est desservi par des lamas jaunes. Trois lis plus à l'ouest Wan Cheou Sse (le temple des Dix Mille Longévités) est occupé par des bonzes.

On accède à l'un et à l'autre en longeant un canal bordé de grands saules à l'ombre desquels on pourrait, à la belle saison, se croire sous la tente.

Wan Cheou Sse est un témoignage de la piété filiale de l'Empereur K'ien Long, qui bâtit ce temple pour y prier pour la longue vie de sa mère. L'Empereur édifia là trois superbes bâtiments à étage qu'avoisinent quelques pins et cyprès séculaires.

Derrière ces constructions, un amas de pierres figure les trois montagnes sacrées de P'ou T'o, Ts'ing Leang et Omi. De tous les temples de la région, c'est vraiment un des plus beaux.

Ou T'a Sse, d'autre part, se signale à l'admiration de ceux qui le visitent par un Trône Précieux, haut d'une cinquantaine de pieds, édifié à la gloire du Bouddha. Des escaliers, qui s'élèvent en tournant à l'intérieur de ce monument, aboutissent à son sommet à une terrasse surmontée de cinq tours, dont chacune a plus de vingt pieds.

Le Trône lui même, et ces tours, portent sculptées sur leurs quatre faces des images du Bouddha et des motifs bouddhiques du plus ravissant effet.

On dit que sous le règne de Yong Lo, des Ming, un bonze indou offrit en présent à l'Empereur une maquette de ce monument qui consistait en un piédestal supportant cinq statuettes du Bouddha. Ce bonze fut nommé Directeur du Collège impérial, un sceau d'or lui fut donné et ce temple fut construit pour lui servir de résidence.

En la neuvième année Tch'eng Hoa (1474), un décret impérial prescrivit qu'un Trône précieux y fût édifié sur le modèle de celui que ce bonze avait offert en présent. Une stèle fut dressée à sa droite.

L'Empereur K'ien Long fit réparer le temple en la vingt sixième année de son règne (1761), et changea son nom en celui de « Grande et Vraie Révélation ». Différents hauts dignitaires mongols vinrent prier là pour qu'un long règne lui fût accordé.

Ma visite à Ou T'a Sse se trouva précisément coïncider avec une répétition musicale à laquelle participaient un cornet court fait d'un fémur humain qui rend, lorsqu'on en joue, un son comparable au sifflement du dragon, et une longue flûte de cuivre imitant assez bien le rugissement du tigre. Une mèche imbibée de graisse brûlait dans un crâne rempli d'eau et le grondement du tambour et les vibrations de la cloche ébranlaient jusqu'aux tuiles du toit. Le chef des lamas conduisait la prière, entouré d'assistants casqués de leurs coiffes rituelles et qui, de temps à temps, se prosternaient jusqu'à terre.

Le son de leurs voix s'élevait, rythmé comme le flot, et produisit sur moi une impression profonde.

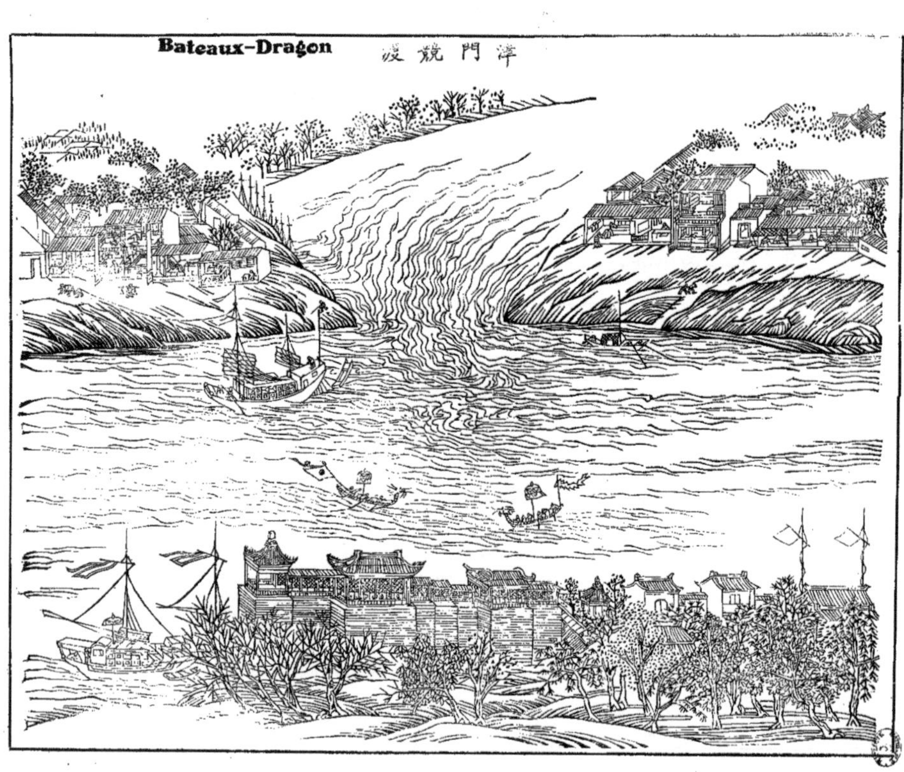

**Bateaux-Dragon** 浮門競渡

# Pei Hai.

A la huitième lune de l'année Koei Mao (1843), j'arrivai à T'ong Tcheou et me hâtai de là vers Haitien pour annoncer mon retour au Chef du Ministère des Affaires Intérieures de l'Empire. Ce haut fonctionnaire fit, de ma part, tenir à l'Empereur un rapport qui me revint avec l'apostille : « Connu de Nous. Respect à ceci.»

Je repartis aussitôt pour mon pays natal.

Comme mes enfants me demandaient la route à suivre, je leur prescrivis de pénétrer en ville par la porte de Si Ngan et de passer par le pont qui coupe en deux le lac du Palais Impérial.

Ce pont tire son nom de deux portiques qui s'élèvent à chacune de ses extrémités et dont l'un porte les caractères « Kin Ngao » (Tortue d'Or), l'autre « Yu Tong » (Arc-en-Ciel de Jade). Il a sept arches dont la médiane est ornée d'une tablette de pierre gravée d'un distique.

Au sud du lac, à la partie antérieure de l'île de Ying T'ai, un pavillon et une stèle semblent émerger de l'onde. Au nord, cinq petits kiosques se mirent dans l'eau calme.

Deux murs rouges bordent la voie d'accès au pont, du côté de l'est.

A l'est, une terrasse élevée a servi de soubassement à une muraille circulaire percée de deux ouvertures. Cette muraille entoure une construction bâtie sur l'ancien emplacement du palais Yi T'ien, de la dynastie Yuan, et vulgairement appelée la Rotonde. Les vieux cèdres touffus qui la couvrent de leur ombre semblent se hausser par dessus les créneaux du mur d'enceinte.

La légende rapporte qu'une fois l'Empereur Tchang Tsong (1190-1208), de la dynastie Kin, était assis en cet endroit avec sa concubine Li Chen dans l'attente d'un lever de lune. L'Empereur proposa à Li Chen de lui composer un vers qui fit pendant à celui-ci :

二人土上坐

Deux personnes
à terre
sont assises.

从土坐

Li Chen répartit aussitôt :

月日明

L'astre des Nuits
aux côtés du soleil
brille d'un vif éclat.

一月日邊明

Un peu plus loin, dans l'île de Kiong Hoa (Fleurs de Jade), dont la croyance populaire veut que toutes les pierres aient été apportées de la montagne de Ken, (x) se trouve le Palais de la Lune, où Li Chen avait coutume de se parer.

Sur le mamelon qui couronne cette île l'Empereur Choen Tche fit, en la huitième année de son règne (1651), ériger une tour blanche, dresser des mâts et placer des canons à signaux.

L'Empereur K'ien Long décrivit plus tard en un poème les horizons qu'on découvre de ce sommet. Ses vers furent gravés sur une stèle qu'on abrita d'un kiosque.

Quand j'étais attaché au Bureau des Historiographes, la vérification de l'histoire de la partie ouest du Palais m'incomba un beau jour. Je ne pouvais consulter sans admiration les œuvres poétiques que mes devanciers avaient composées sur l'ordre de l'Empereur. Piqué d'émulation je fis un beau jour les vers suivants :

« Pour rentrer au pays natal j'ai repris mon char tout à la fois léger et rustique,
Et franchis dans le rougeoiement de l'aurore les deux portiques de Kin Ngao et de Yu Tong.
Dans l'île de Kiong Hoa les arbres qui couvrent de leur ombre la retraite où Li Chen se parait sont d'un vert profond,
Et rouges sont les fleurs de l'Ile de Ying T'ai.
Le Palais recèle jalousement l'héritage littéraire de maintes générations,
Et nombreux furent les vieux serviteurs chargés de relater les hauts faits de l'Empire.
Pour moi, heureux de partager l'oisiveté de la mouette et du héron,
Je me plonge dans les vagues de la Bienveillance Auguste qui m'autorise à rentrer chez moi.»

---

*(x) Dans la Préfecture de K'aifong, au Honan.*

靈光指徑
Pa Ta Tch'ou
Ling Koang Sse.

# Bateaux-Dragon

La préfecture de Tientsin englobe les anciennes circonscriptions de Pouo Hai et de Yu Yang. Au nord de la ville se trouve le confluent de trois rivières qui, de là, vont se jeter directement à la mer, distante de cent vingt lis. C'est ce qu'on appelle l'ancienne porte de Tientsin.

Là s'élève la "Tour d'où l'on contemple la mer", que les empereurs K'ien Long et Kia King visitèrent à diverses reprises de leur vivant.

Passant en cet endroit le quatre de la cinquième lune de l'année Koei Mao, je vis venir vers moi des bateaux-dragon qui évoluaient, bannières déployées, parmi des embarcations de plaisance chargées de chanteurs et de musiciens. Bien qu'assez différents de ceux du sud, ils n'en offraient pas moins un spectacle assez conforme aux traditions. Et je me pris aussitôt à penser à K'iu Yun qui, calomnié et banni, se jeta de désespoir dans la rivière de Milo. Jusqu'à ce jour tous ont porté son deuil, montrant ainsi à quel point sont profonds les sentiments qu'un amour fidèle peut inspirer.

Comme j'allais dépasser le confluent des trois rivières et poursuivre ma route, quelqu'un de mes gens me demanda d'arrêter un instant en cet endroit la barque qui me portait. Puis ma concubine Hong Yo Lan vint à mon bord et me tendit une coupe de vin.

Prenant un luth, elle s'offrit à me jouer d'abord un morceau de T'ien Wen (x) ; s'accompagnant de sa guitare, elle me joua ensuite le morceau du "Soleil Déclinant" afin de me permettre d'évoquer mieux le lointain souvenir de K'iu Yuan.

Enchanté, je composai les quatre strophes qui suivent :

"Les bateaux dragon démarrent à l'heure de midi. Je les vois venir avec joie, moustaches au vent et la queue frétillante. Devant Wang Hai Leou on se dispute le premier prix. Mais qui sait vraiment distinguer le mérite ?"

"Les flûtes aux notes pressées et les cordes souples retentissent près des rideaux verts, tandis qu'à ma portière de jonc je me tiens, ennemi de la foule. Mon amie a compris que ma pensée errait sur les rives de la Siang. Et c'est pour moi qu'elle joue sur son luth les airs du pays de Tch'ou."

"Légers et délicats, ses doigts égrènent des notes harmonieuses. Elle me prie d'y prêter l'oreille et me vante le morceau du Soleil Déclinant. Flûte et tambour portent leurs condoléances à l'âme de K'iu Yuan."

"Puis herbes parfumées et mets délicats sont placés devant moi. Après plusieurs milliers de lis de voyage j'arrive aux portes de Tientsin en temps pour les régates. Et une rencontre heureuse marque pour moi l'endroit où mes rames peintes ont cessé de battre l'eau".

---

*(x) Composition de K'iu Yuan. Homme d'Etat célèbre de la principauté de Tch'ou, K'iu Yuan (332-295 av. J. C.) vécut à l'époque des Royaumes Combattants. Le Prince Hoai appréciait ses capacités mais des courtisans le calomnièrent pour l'éloigner. K'iu Yuan composa alors le fameux "Li Sao" dans l'espoir de ramener à lui celui qu'il servait. Ce fut en vain. Le prince Siang, successeur du précédent et non moins mal conseillé, le bannit. Découragé, K'iu Yuan se jeta dans la rivière de Milo. Depuis lors les bateaux-dragon commémorent chaque année le cinq de la cinquième lune, les recherches faites pour retrouver son corps et les régates tenues à cette occasion s'accompagnent d'offrandes à ses mânes.*

Pa Ta Tch'ou
Yi Mo Yai
秘魔三宿

# Pa Ta Tch'ou

## Ling Koang Sse.

Par une belle soirée d'été, assis sous les arbres curieux du supérieur de Tsie T'ai Sse, je l'écoutais vanter les sites merveilleux du Ou T'ai Chan. La nouvelle lune allait se coucher, l'air de la nuit se faisait plus pur. Je me mis à marcher de long en large dans la cour du temple sans pouvoir me résoudre à regagner ma chambre et ne me couchai qu'au milieu de la nuit.

Le lendemain je pris, dès l'aube, congé des pins et je m'en fus. Je traversai le Hoen Ho par un temps couvert ; une pluie fine semblait ne vouloir qu'effacer la poussière de mes effets et rendre plus net un gracieux paysage.

Dans le nord-est, la colline de Tsoei Wei m'apparut bientôt, surmontée de sa haute tour, et comme lavée de frais. Je me souvins alors d'une visite que j'avais faite au tombeau de la princesse Tsoei Wei, des Ming, en l'année Ou Ing, de Kia K'ing (1818) et les vers suivants, que j'avais composés à cette occasion, me revinrent à l'esprit :

..."Des trois cents temples de la dynastie déchue, Ling Koang subsiste seul. Une sente sauvage y mène en serpentant. Près des rochers où les fleurs embaument, le socle de la stèle funéraire s'est enfoncé dans la terre et, une à une, les tuiles du mausolée ont jonché le sol. Oh ! poignant rappel des vicissitudes humaines sur la hauteur déserte, au déclin du jour"...

Revisitant Ling Koang à vingt six années d'intervalle, je n'y trouvai même plus le tombeau de la Princesse. Un jeune bonze me dit qu'on l'avait rasé pour construire à sa place une salle dédiée à Koan Yin.

Ainsi le temple neuf, édifié sur les vestiges du passé, avait enlevé tout sens à ce nom de Tsoei Wei que portait la colline ! L'impression que j'avais jadis ressentie là de la fragilité des choses humaines en fut encore accentuée.

Pei Hai
金鰲歸里

# Pa Ta Tch'ou

## Pi Mo Yai

Construit sous les T'ang, ce temple reçut son nom actuel en la première année du règne de T'ien Choen, des Ming, (1457). Il s'élève sur un escarpement qui communique, parait-il, avec la rivière de Sang Kan (Hoen Ho).

La légende veut que, sous le règne de Jen Cheou, des Soei (601-605), le bonze Lou soit venu du sud, en ramant, jusque dans ces parages. Il se fixa au pied de cet escarpement et réussit, par ses actions vertueuses, à apprivoiser un grand et un petit dragon. Il en fit des novices qui devinrent pour lui des assistants respectueux et qui pouvaient, à volonté, commander le tonnerre et la pluie.

Sous le règne de T'ien Pao, des T'ang (742-756), l'Empereur conféra à Lou, pour honorer sa mémoire, le titre posthume de "Saint qui exauce les Prières" et les Song anoblirent les deux dragons, ses acolytes, qui furent promus plus tard par les Ming au rang de princes. Près du bassin où ces dragons avaient coutume de se tenir fut alors érigé un temple dont les murs ornés de fresques rappelaient leur empire sur les éléments.

Situé à l'est de la porte du temple ce bassin, large de six pieds, n'a guère plus de dix pieds de profondeur. Les bonzes me décrivirent avec force détails les dragons qui l'avaient habité. Actuellement encore des serpents vont et viennent aux alentours sans être inquiétés. Les paysans les qualifient de Bouddhas-Serpents. Il en est fait mention dans le Je Hia Kiou Wen.

香界重遊
Pa Ta Tch'ou
Hsiang Kiai

# Pa Ta Tch'ou

## Hsiang Kiai

Derrière le temple de Hsiang Kiai la Grotte des Perles Précieuses (Pao Tcheu Teng) est un lieu de pélerinage très couru. Son nom lui vient des stalactites qui brillent à son plafond et on voit en son milieu une statue assise du bonze Hai Sieu, communément appelé le "Divin Maître des Démons", qui partage ce titre avec le génie de la montagne de T'ien T'ai. (x)

Le bonze de l'endroit ne sut me dire ce qui avait rendu ces lieux célèbres mais m'assura que j'en trouverais la raison dans un ouvrage du Vice Président des Six Ministères Yi Li Ts'uen et me le remit. Heureux de retrouver ces écrits d'un ami défunt j'y lus que le premier occupant de Pao Tcheu Teng s'était aussi appelé Koei Fang. Il s'était plié là, chaque nuit, à de pieux exercices, et, quarante années durant, il y présenta des offrandes aux esprits comme il l'eût fait pendant un jour. Sa renommée finit par parvenir jusqu'à la Capitale. L'Empereur K'ang hi l'ayant appelé en audience le gratifia d'une robe violette et d'un poème dont un vers disait: "Les pigeons, sur le bord des toits, sont gagnés à la doctrine et les poissons eux-mêmes, sous les fleurs du vivier, méditent la loi bouddhique."

Peu après Koei Fang fut promu à la direction du temple de Cheng Kan, situé un peu plus bas.

Créé sous les T'ang, ce temple fut restauré en vertu d'un décret impérial du début du règne de K'ien Long qui lui conféra son nom actuel. Ses constructions altières s'élèvent jusqu'au ciel et on a de là une fort belle vue sur le lac du Palais d'Eté et la Fontaine de Jade.

Un peu plus bas se trouve l'ermitage de Long Wang Tang (la Salle du Roi Dragon). Les bambous et les pins de sa cour intérieure mêlent leurs verts très purs et couvrent de leur ombre un bassin carré, peuplé de poissons rouges qui s'ébattent parmi les algues. On jouit là d'un calme délicieux.

---

(x) *D'après la croyance populaire, le génie de T'ien T'ai ne serait autre que Choen Tche, premier empereur des Tsing (1644-1662), qui aurait secrètement embrassé la vie monastique à la suite de la disparition prématurée de celle qu'il aimait.*

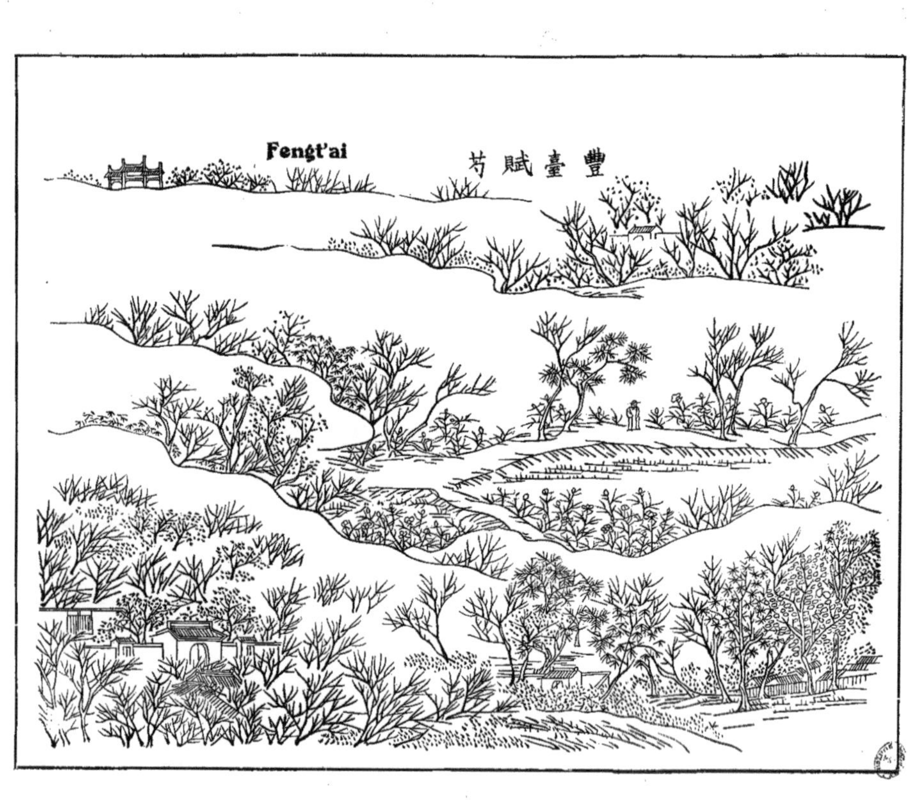
Fengt'ai
豐臺賦芍

# Fengt'ai.

Situé à huit lis des portes de Pékin, Fengt'ai est entouré de dix huit villages. L'eau y est douce, la terre fertile et les fleurs y viennent bien. De celles qu'on y rencontre la pivoine est la plus répandue.

Au milieu de ce village, deux pagodes ont été élevées aux génies des Fleurs ; l'une est consacrée à leur Prince, on y sacrifie au printemps ; l'autre est dédiée à une Fée des Fleurs. Il est regrettable que les figurations de l'une comme de l'autre soient d'un modelage malhabile et ne puissent être remplacées par les statues merveilleuses du jardin de Tchou Souo, bordé par le Si Hou. (1)

A l'ouest de Fengt'ai, du village de Tchang à celui de Fan, ce ne sont que champs de pivoine à perte de vue. A la floraison, ces champs sont comme tendus d'une brillante broderie de soie multicolore, mais il faut pour en récréer ses yeux s'y prendre de bonne heure. Pour peu qu'on tarde, les fleurs ont été coupées et vendues.

Les pivoines ( "cho yo" ) sont citées dans le Livre des Vers, dont une rime plaisante les fit classer parmi les fleurs d'agrément. Le poète Lou Koei Mong, des T'ang, a parlé d'elles. Les catalogues de Liou Kong Fou et Wang T'ong Cheou en mentionnent cent trois espèces d'appellations et couleurs différentes : " Jaune de Robe Impériale ", " Rouge des Brocarts du Palais ", " Etude de la Parure Matinale ", etc... La " Ceinture d'Or de Yangtcheou " est la plus célèbre de toutes.

Originaire de Yangtchéou, ma concubine Hong Yo Lan était musicienne, peignait habilement et faisait très bien les vers. Deux années durant elle m'avait tenu compagnie. A mon passage à Fengt'ai, elle était morte depuis plus d'un an. En présence des fleurs, son souvenir m'émut et m'inspira le poème suivant :

..." Un vent léger souffle par bouffées, chassant devant lui l'ondée très fine du printemps. Me voici à Fengt'ai en ces premiers jours de la quatrième lune et j'ai peine d'y être avec les pivoines dont le nom évoque la séparation (2). Yangtchéou s'enorgueillit toujours de sa ceinture d'or mais au Palais de Liang, la coupe épuisée, les regrets sont vains. Déplorant les épreuves de la tendre Man Sou (3), je n'ai plus le coeur de chanter les fleurs qui ne sont plus."

Man Sou, qui se disait la Fée des Pivoines, était, si l'on en croit la légende, fille d'un horticulteur de Fengt'ai. Son prénom était A Ts'ien. Jolie et intelligente, elle épousa un lettré du nom de Mao et mourut peu après. Tch'en fixa son souvenir dans diverses compositions et notamment dans l'élégie de la Chute des Fleurs.

---

*(1) Lac de Hangtchéou.*
*(2) Un des noms chinois de la pivoine est " Tsiang Li " : séparation prochaine.*
*(3) Lisez " Hong Yo Lan ".*

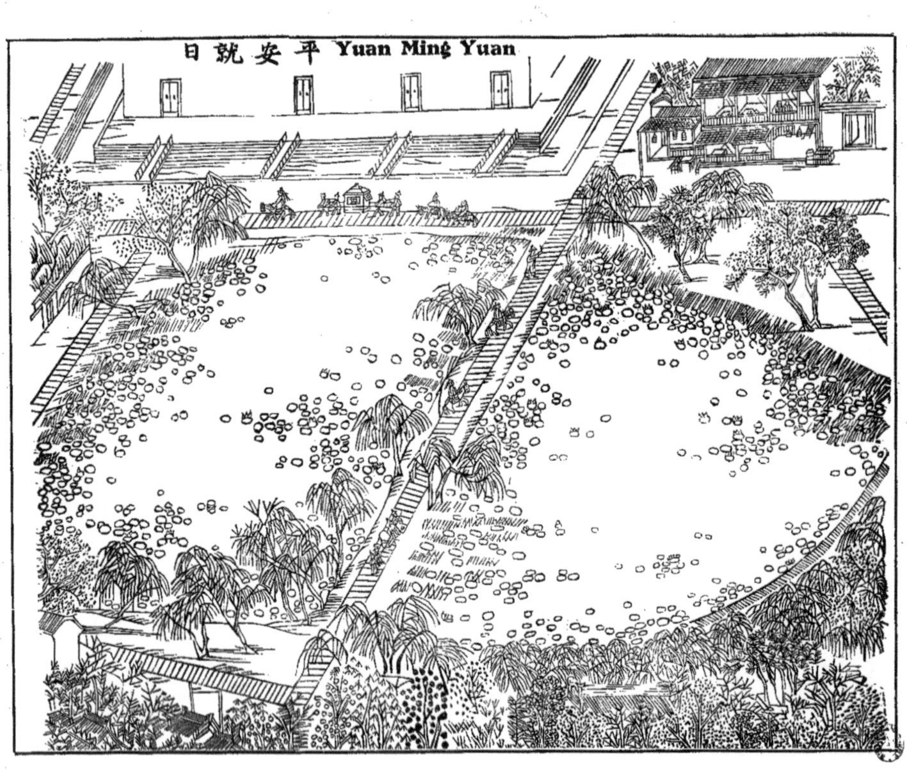
日就安平 Yuan Ming Yuan

# Yuan Ming Yuan

Maison de thé à étage P'ing An Yuan (le Jardin de la Tranquillité) s'élève au bord d'une pièce d'eau qui s'étend aux portes du Yuan Ming Yuan (1), et qui est traversée par une voie impériale. Jadis il n'y avait là que marécages. En la vingt huitième année K'ien Long (1763), on les creusa pour en faire un lac dont la nappe s'étend en éventail de chaque côté du chemin et qui porte du reste le nom de Lac de l'Eventail. Une écluse admet le trop plein de ses eaux dans le Parc Impérial.

La compilation respectueuse de l'histoire m'apprit que le Yuan Ming Yuan remontait à la quarante huitième année K'ang Hi (1709) et avait été donné comme résidence à l'Empereur Yong Tcheng alors qu'il était Prince. Au cours d'une de ses visites, K'ang Hi gratifia son héritier d'une tablette qui fut suspendue dans la salle principale du Palais. La tablette qu'on voit aujourd'hui au dessus de la porte principale est due au pinceau de Yong Tcheng. Comme Yong Tcheng et plus tard K'ien Long villégiaturaient régulièrement en ces lieux, on entreprit de leur temps la construction de salles d'audience, de bâtiments destinés à loger les divers services du Palais et de casernes pour les hommes des bannières afin qu'il fût possible de gouverner commodément de là.

Un jour d'été, comme mon neveu et moi passions par le bourg de Haitien, nous apprimes que l'Empereur devait précisément se rendre du Yuan Ming Yuan au Palais pour saluer l'Impératrice-Douairière. Nous courûmes au P'ing An Yuan tout d'une traite. A notre arrivée le premier signal avait déjà retenti, on écartait la foule et, sur le parcours du cortège, on appliquait les voiles d'usage aux maisons. De l'étage où nous étions allés nous poster la vue embrassait les eaux moirées du lac où flottaient des fleurs parfumées, les collines lointaines qui s'y reflétaient comme en un miroir et les arbres du Parc Impérial qui, dans la belle lumière du soleil matinal, étaient encore tout brillants de rosée.

Aux deuxième et troisième signaux, princes et hauts fonctionnaires écartèrent leurs gens. Un héraut, tenant un cheval par la bride, ouvrit la marche puis les intendants des équipages impériaux, revêtus de leur livrée et coiffés de bonnets jaunes à plumets, sortirent du Palais en portant la chaise impériale.

Au quatrième signal, les gens de la maison fermèrent vivement les fenêtres. Peu après un cinquième et dernier signal retentissait. Alors ce ne fut plus qu'un piétinement de chevaux. Epiant respectueusement de ma fenêtre, j'aperçus le Visage Auguste de l'Empereur. Tenant sa bride en main Sa Majesté s'avançait, calme, au pas de sa monture. Dix mille cavaliers l'escortaient comme un nuage. Comme ils pressaient l'allure, le chemin s'estompa dans une poudre d'or.

Nous quittions le P'ing An Yuan, lorsqu'un rugissement frappa nos oreilles. Mon neveu me dit que le Parc aux Tigres n'était pas loin de là et m'invita à l'aller visiter. Des gardes nous montrèrent en effet un enclos entouré de barreaux de fer où l'on avait ménagé de petits monticules et des fosses. Trois tigres étaient là captifs. L'un d'eux, en nous apercevant, fit mine de bondir sur nous.

Voir dans sa journée le Dragon (1) et les Tigres, c'était vraiment là chance peu commune !

---

(1) *"Jardin de la Clarté Ronde" : ancien Palais d'Eté.*

(1) *L'Empereur.*

P'an Chan
T'ien Tch'eng
天成訪醫

# P'an Chan

## T'ien Tch'eng

Le P'an Chan (mont des plateaux) s'élève à l'est de Pékin, dans la circonscription de Ki Tchéou.

Le sommet de cette montagne est célèbre par ses pins ; sa partie moyenne se distingue surtout par ses rochers, sa partie inférieure par ses sources.

Un voyageur qui en revenait me décrivit un jour avec emphase le charme de ses feuillages rougeoyants et de ses abricotiers en fleurs. Il me vanta l'érudition de ses bonzes, la science de ses ermites en matière de médecine, et m'engagea à aller les voir. J'hésitai d'abord à suivre son conseil sachant quasi inaccessibles les retraites de ces sages, mais finis par m'y décider.

Des temples situés au pied de la montagne, le plus curieux et le plus retiré est celui de T'ien Tch'eng. Alors que la plupart des pins du voisinage ont été clandestinement abattus, Ki Chan, bonze de ce temple, parvint à sauver les siens. Insensible à l'appât du lucre cet homme devait être un hôte agréable. Son désintéressement me fit prendre plaisir à l'aller visiter.

C'était la saison où les abricots sont presque formés. Les fleurs des pêchers et des pruniers exhalaient leurs derniers parfums mais celles des pommiers n'étaient pas toutes effeuillées. Leur blanc léger et leur rouge sombre contrastait aimablement avec le vert des arbres et le bleu des montagnes.

A mon arrivée à T'ien Tch'eng j'allai d'abord m'asseoir dans un pavillon que dominait le pic de Ts'oei P'ing (l'Ecran Vert), où des cascades suspendaient leurs écharpes d'écume.

Ce pic a comme contrefort le Mou Lien au pied duquel s'élève la tour de P'ou Hoa. P'ou Hoa était bonze sous les T'ang et le nom donné à cette tour me semble indiquer que T'ien Tch'eng existait avant les T'ang. Un peu plus loin, sur la droite, une tour à treize étages dresse sa gracieuse silhouette. Une stèle voisine indique qu'elle fut érigée sous T'ien K'ing, des Léao (1110-1125).

Sous le règne de Wan Li (1573-1620), le bonze Jou Fang composa à T'ien Tch'eng, de son propre sang, un recueil de prières dont il acheva six exemplaires en sept ans pour provoquer les offrandes nécessaires à la restauration de ce sanctuaire.

Le soir venu, installé à la partie supérieure du temple, je feuilletai les sutra du Nirvana, copiés par ce saint homme. J'admirai des pruniers peints par Mei Sien et me délectai à la lecture de vers, dédiés par mon vieil ami Tch'ang Tch'a Nong aux pins et aux rochers, où l'auteur exprimait librement son goût pour la montagne.

Je passai cinq jours à T'ien Tch'eng et j'y fis deux poèmes.

雲罩登峯
P'an Chan
Yun Tcho Sse

# P'an Chan

## Yun Tcho Sse

Yun Tcho Sse (le temple couvert de nuages) s'élève au sommet du P'an Chan. A l'est de ce temple, près du pic de Koa Yue (de la lune accrochée), on peut voir une tour, souvent démolie et souvent restaurée dans le passé, où, d'après la légende, des apparitions lumineuses du Bouddha se seraient produites. Les poètes y ont fait mainte allusion, des Empereurs l'ont visitée. L'un d'eux fit don au temple d'un Trône du Bouddha en forme de lotus aux mille pétales.

Au cours de mon ascension à Yun Tcho Sse, je visitai la niche de pierre du taoïste Wang Tche Kin, des Yuan, et le rocher dit du "Tapis de Prière". Large de huit pieds, ce rocher présente une surface absolument unie. Un vieux pin, qu'on appelle le capuchon, le couvre entièrement de son ombre verte. Non loin de là de gros blocs de pierre, en équilibre sur de plus petits, sont creusés de trous remplis d'une eau qui ne déborde pas plus quand il pleut qu'elle ne tarit par temps sec. Ce sont les "puits du Ciel".

Un peu plus haut s'élève la chaine de Ts'ing Keou (du ravin vert). Sous le règne de K'ang Hi le bonze Tchouo An y eut d'abord un abri dans la grotte de Wen Chou (1), puis il y édifia un temple. Il fut le premier à écrire l'histoire du P'an Chan et eut comme correspondants littéraires les anciens Ministres Wang Yu Yang, Song Mou Mou Tchong et l'académicien Tchou Tchou Tch'ai.

K'ang Hi l'honora de sa visite et Tchouo An composa un poème sur sa demande. Satisfait l'Empereur lui donna la réplique avec les mêmes rimes. Sur son ordre le temple de P'an Kou fut construit, mais les disciples de Tchouo An n'ayant déployé aucun zèle ce temple tomba peu à peu en ruines. Aujourd'hui l'herbe y pousse à hauteur de genou.

Par Tze Kai Fong (le pic de l'ombrelle violette) j'atteignis Yun Tcho Sse et m'y prosternai devant le Trône des Lotus.

Poursuivant mon ascension je vis, non loin du temple, une cloche de bronze pendue à un grand pin et portant l'inscription "Fondu à l'époque Tch'eng Hoa (2), lourd de deux mille livres"

Je marquai ensuite un temps d'arrêt au pin des ailes de Phénix, dont les branches simulaient assez bien des ailes se déployant pour le vol, et, après avoir gravi mille marches de plus, j'atteignis enfin le sommet de la montagne. La vue y portait au-delà de la Grande Muraille et des rivages de la mer lointaine, à l'infini. Les clochettes de la tour tintinnabulaient dans l'espace. Son ombre s'étendait hors des frontières de l'Empire.

A mon retour au temple, le bonze me montra une boule de cristal douée de la vertu de dompter les dragons, sept perles et des dents du Bouddha.

D'aucuns sont pénétrés de l'authenticité de ces reliques, d'autres affirment que ce ne sont que pierres ou dents de léopard. Je ne donne pas plus raison aux uns que je ne crois les autres. J'attends pour me prononcer l'avis de ceux qui savent.

---

*(1) Nom chinois de Mandjouçri, divinité bouddhique qui personnifie la Sagesse Suprême ou la Science Transcendante.*

*(2) 1465-1488.*

P'an Chan
Tsing Ki
靜寄瞻樓

# P'an Chan

## Tsing Ki

Sur le versant sud du P'an Chan s'élève un palais de voyage impérial dont la construction fut entreprise en la neuvième année du règne de K'ien Long (1748). Son parc, entouré de murs qui montent et descendent aux flancs de la montagne, s'étend vers l'est sur plus de dix lis. On y dériva des sources que l'on barra d'écluses.

Orienté vers le sud, le bâtiment principal du palais est flanqué d'un corps de garde. A sa partie est, la Salle de la Longévité fut construite pour servir de lieu de repos à l'Impératrice douairière.

L'Empereur a donné à ce palais de voyage le nom de "Tsing Ki Chan Tchoang" (Retraite paisible de la montagne). La montagne a en effet pour caractéristique essentielle le calme, si nécessaire au coeur des hommes. Trônant dans le calme, l'Empereur ne fait, même lorsqu'il se délasse parmi les forêts et les sources, que s'entretenir à règner. Chacun des sites de son parc a reçu de lui un nom. Des gardes en consignent rigoureusement l'entrée. Nul n'a les moyens d'y pénétrer.

Accompagné de Tch'en Lang Tchai je ne pus donc qu'en longer les murs. Sur la montagne, des temples et des tours apparaissaient et disparaissaient parmi les bois. Le plus souvent un petit bout de toit à peine était visible. Pourtant on distinguait jusqu'aux fenêtres du Pan T'ien Leou.

Comme Lang Tchai me faisait valoir qu'au clair de lune le décor serait merveilleux, des nuages menaçants nous contraignirent à la retraite. Après une ondée, cependant, le ciel se rasséréna, la lune resplendit sur la montagne et il nous parut que nous devions retourner où nous étions allés.

Un bonze nous mit en garde contre les tigres en nous déclarant qu'il fallait s'en méfier la nuit mais un prêtre du Tao se fit fort de les écarter. Produisant des pétards il les alluma et réveilla tous les échos de la montagne.

A l'endroit de notre halte précédente, les sources faisaient entendre leur bruit paisible dans un site désert et plein de mystère. Vu à travers les voiles légers de la nuit le toit vert du Pan T'ien Leou, supporté par ses colonnes rouges, donnait l'illusion d'une vague prête à déferler. On se fût cru au voisinage de l'île de P'eng Lai (1) et du bienheureux archipel qu'on peut voir sans jamais l'atteindre. Au ciel les nuages fuyaient comme de l'eau, revêtant parfois la forme de fleurs aux couleurs étranges. Le décor était merveilleux.

---

*(1) P'eng Lai. Une des îles que hantent les Immortels dans la Mer Orientale.*

泉酌甲瞭
P'an Chan
Liang Kia

# P'an Chan

## Liang Kia

Le roc de Liang Kia ( de l'Armure séchée au soleil ) se trouve au bas du P'an Chan, à l'ouest du parc impérial, non loin du site connu sous le nom de T'sien Tch'e Hsiueh ( les Mille Pieds de Neige ).

Un prêtre du Tao m'ayant annoncé qu'une porte dérobée du parc serait ouverte ce jour-là vers midi pour permettre aux paysans des environs de ramasser des herbes, et m'ayant invité à profiter de l'occasion, je partis avec mes deux enfants. Un gardien nous conduisit à un ravin où s'élevait un roc lisse, haut de cinquante à soixante pieds, et large du double, qui donnait l'illusion de la transparence. La légende veut que lors d'une expédition en Corée l'empereur T'ai Tsong, des T'ang, ait fait sécher là son armure. Ce rocher est adossé à une falaise élevée où sont gravés ces caractères : « Lieu où l'empereur Wen (1), des T'ang, fit sécher son armure ». On y voit également gravé un poème de K'ien Long. Le rocher est dominé par un amoncellement de collines verdoyantes ; une source en descend en cascade dans un ruissellement de perles et de jade.

K'ien Long composa, à l'occasion d'une visite en ces lieux, un poème où il était fait allusion aux mille pieds de neige de la montagne de Han. Le nom leur est resté depuis lors. L'Empereur fit construire au-dessus de la source un kiosque sous lequel je m'assis. Mes enfants m'offrirent là du thé et des gâteaux aux fleurs d'un goût délicieux. Parfaitement heureux je m'assoupis sur la pierre. Plus tard, le vent s'étant levé, on me réveilla de peur que je ne prisse froid.

Au retour de cette promenade je m'enquis du temple des Mille Images.

J'appris que sa partie ouest avait été englobée dans le parc impérial. Construit sous le règne de K'ai Yuan, des Tang, (2) ce temple fut restauré sous T'ong Ho, (3) des Léao.

La légende raconte qu'un moine bouddhiste venu de fort loin arriva un beau jour dans ces parages, appuyé sur sa canne, en quête d'un lieu de repos et qu'il avisa soudain au dessus d'une source, au nord-est du temple, Mille Bouddhas lavant leurs écuelles ; un instant après cette apparition s'était évanouie. Le religieux grava alors par tout le roc les images du Bouddha qui valent au temple son nom actuel.

Non loin de là est une grotte où le bouddhiste Han Chan fit la rencontre d'un ermite. On voit dans son voisinage une pierre branlante longue de vingt pieds, large de quinze, en équilibre sur de petites pierres. Pour peu qu'une seule personne la pousse elle remue, mais si on la pousse à plusieurs elle ne bouge plus.

Ce fait est inexpliqué. Je me rappelai qu'à la Colline Pointue de Hai Ning, au Tchekiang, j'avais vu jadis une pierre semblable.

---

(1) *Nom posthume de T'ai Tsong, (627-650).*
(2) *713-742.*
(3) *988-1012.*

P'an Chan
Ou Kien T'ai
劒臺品松

# P'an Chan

## Ou Kien T'ai

Ou Kien T'ai couronne un sommet situé à l'ouest du temple de Wan Song (les Dix Mille Pins). Ce lieu fut illustré par Li Tsing, duc de Wei (1), qui jadis y exécuta la danse de l'épée. On y voit, gravé dans le roc, le poème suivant de Tsi Tsi Koang (2), des Ming :

..." D'un son du cor givré l'arbre et l'herbe endeuillés ;
Nuages s'affrontant à l'huis d'un arc de pierre ;
Le retour des corbeaux vol par vol effeuillés ;
L'âpre bise, un vin rude,—et sans l'ivresse fière...
Si ta lance a brisé le sanguinaire élan,
Qu'importe, vieux routier des marches, ton poil blanc ?
Seul, mon nom, près du tien, mord la cime escarpée,
Terrasse où du preux Li, jadis, dansait l'épée ! "...

Un peu moins élevé que Ou Kien T'ai, le pic de Feou Tsing domine l'ermitage de Li Tsing, visité par K'ang Hi, qui changea son nom en celui de Wan Song Sse. On y lit, sur une stèle, ces vers inspirés par la mémoire de Li Tsing :

..." Sur la cime, d'où la vue plonge au fond de l'horizon, sa fulgurante épée fait apparaître des lambeaux d'arc-en-ciel... Accourez ! voici que rentrent trois armées dans un chant de triomphe."...

Ce coin de la montagne est hérissé d'innombrables pins. Les plus curieux ont poussé aux fentes des rochers. Difformes, gênés dans leur croissance, ils lancent de droite et de gauche des branches qui évoquent des contorsions de dragons furieux. Quant à ceux qui sont venus en bonne terre, il faudrait plusieurs personnes pour embrasser leur tronc. Leur écorce a la rugosité d'écailles. Les uns, d'un seul jet, s'élancent vers le ciel, d'autres au contraire couvrent jalousement la terre de leur ombre. On conçoit que l'admiration de Wang Tch'en Yu pour le P'an Chan soit allée toute entière à ces arbres.

Je montai à Ou Kien T'ai par un vent assez vif. Au loin la Muraille se déroulait comme un gigantesque serpent. La vue portait à mille lis sans obstacle. Sur la montagne des forts apparaissaient de place en place, poignant rappel des entreprises héroïques d'autrefois.

Comme je redescendais vers la porte du temple le bonze Ki Chan survint. Il avait cueilli un champignon violet (3), qu'il m'offrit. Je rentrai à T'ien Tch'eng en sa compagnie.

---

*(1) Officier des T'ang, mort en 649, Li Tsing, ou Li Yo Che, fit ses premières armes sous les Soei, passa au service des T'ang, pacifia le royaume de Ou et guerroya contre les Turcs en 630. Ses exploits lui firent décerner le titre de duc de Wei. Auteur d'un traité de stratégie.*

*(2) Célèbre général des Ming, écrivain militaire, mort en 1585. Excellent organisateur, Tsi Tsi Koang imposait à ses troupes une discipline de fer et fit exécuter son propre fils pour avoir regardé en arrière au cours d'une attaque.*

*(3) Symbole d'immortalité.*

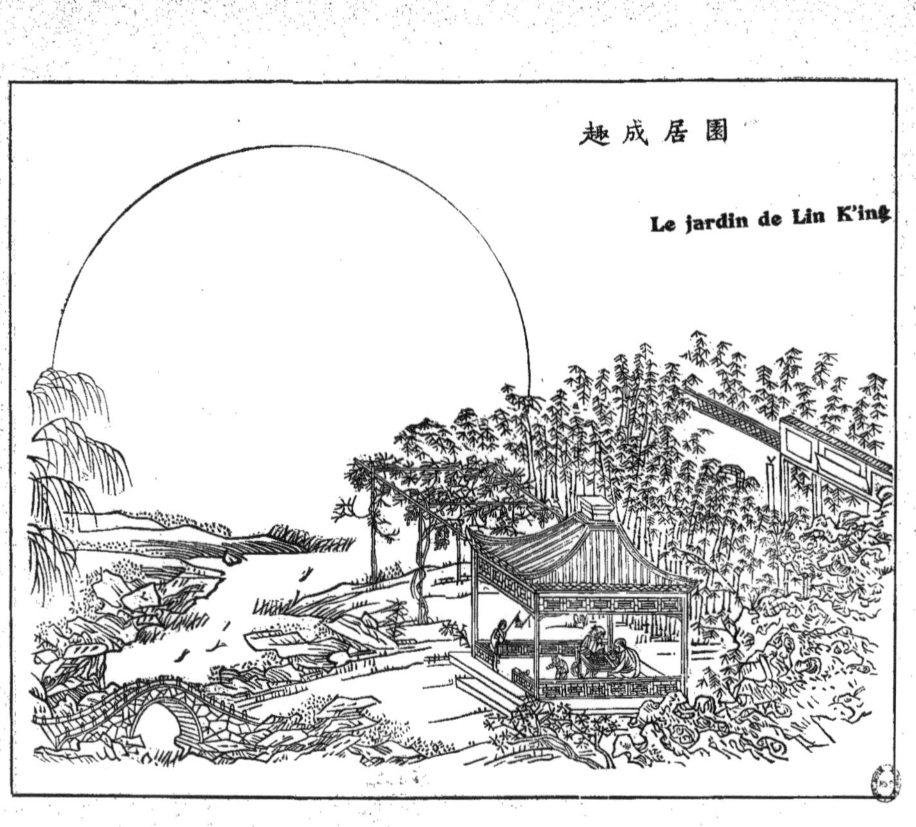


Le jardin de Lin K'ing

# Le jardin de Lin K'ing

A mon retour du P'an Chan, je consignai ma porte pour avoir la paix et conviai quelques amis à examiner et à classer les livres anciens de ma bibliothèque. En compagnie de Tch'en Lang Tchai je passai la revue de peintures et de pièces de calligraphie que je collectionnais depuis longtemps.

Comme le congé dont je devais la faveur à l'Empereur était motivé par l'état de ma santé je n'osai point cependant me contenter d'un simple repos, et consultai des médecins connus. Des divers remèdes qui me furent prescrits ceux de Hsiu Tche T'ing furent les plus efficaces. J'appliquai simultanément à mon cas la gymnastique de Li Yun K'iu pour les membres et les poumons et les massages préconisés par Liou Ho An. Ma santé s'améliora de jour en jour.

M'appuyant sur l'épaule d'un domestique, j'entrepris alors d'arpenter les allées de mon jardin. Lorsque mes jambes fléchissaient, je m'asseyais sur quelque pierre et m'amusais à regarder mes fleurs et à compter mes fruits et puis je repartais, faisant dans ma journée quelque quinze cents pas.

Mon jardin produisait des pommes du Japon, des grenades, des noix, des jujubes, des poires, des kakis, des abricots et du raisin.

La plus belle de mes vignes était plantée devant un kiosque carré, construit au bord d'une eau courante. Derrière ce kiosque, dans un bosquet de bambous, un portique de pierre portait cette inscription :

« Siao Siang en miniature »

J'avais composé là le distique suivant avec certains caractères empruntés à la calligraphie du Lan T'ing Tsi Siu (1) :

« Sous le kiosque rustique, au bord du ruisseau sinueux, qu'il fait bon demeurer parmi les bambous et les orchidées. »

Un peu plus loin s'élevait un autre kiosque en forme d'éventail.

Vers la fin de la septième lune on était, dans ce coin du jardin, sous un dais vert d'où les fruits pendaient comme des perles violettes.

Un jour que j'étais allé m'y promener avec ma fille et mon petit fils, la pluie nous surprit et nous contraignit à chercher un abri. Ma fille me défia aux échecs et je connus deux fois les joies de la défaite. Après l'ondée, un arc-en-ciel apparut. Tandis qu'au ciel nuages et soleil se livraient un combat indécis, ma fille me demanda les noms littéraires de l'arc-en-ciel.

Je lui répondis : « Ti Tong » dans le Livre des Vers, « Kiai Euri » dans le Li Sao, « T'ien Kong » (Arc Céleste) dans le Pai Hou T'ong (2), « Ki Mou » dans le Tsing Yi Lou.

J'en étais là de mon énumération lorsque mon vieil ami En Tch'ou Siang me fit porter trois nèfles fraîches. A Pékin ces fruits m'étaient inconnus et je n'avais jamais pu y goûter frais que les litchis. Respectueusement j'offris une nèfle aux ancêtres, une à mon maître Koei Yin Hsi et je partageai la dernière avec ma fille et mon petit-fils.

Communément appelée « p'i pa », la nèfle porte aussi le nom de « Lou Kiu ». Les meilleures, celles de T'ang Ts'i, au Tchekiang, et de Ling Yuan, au Kiang Sou, m'étaient déjà familières.

Quant à la vigne, elle nous est venue du Turkestan, d'où l'explorateur Tchang K'ien (3) l'apporta en Chine sous les Han.

A Pékin les raisins les plus recherchés sont ceux de Kong Lin Suen qui, juteux et d'un goût agréable, ne le cèdent en rien aux nèfles.

---

*(1) Préface du recueil de poèmes de Lan T'ing, composée par Wang Hi Tcheu, lettré et calligraphe célèbre qui contribua, sous les Tsinn, à fixer l'écriture cursive (321-379).*

*(2) Pai Hou T'oung, précieux opuscule de Pan Kou (mort en 92), qui donne des renseignements sur presque toutes les institutions des Han.*

*(3) Tchang K'ien, dynastie Ts'ien Han, explorateur célèbre au service de l'empereur Ou. Parti en 126, revenu en 122, il établit la communication de la Chine, par le Tarim, avec la Sogdiane, le Ferghana et les pays de l'Ouest. Chargé en 115 d'une seconde mission, il chercha ensuite au sud-ouest la route de l'Inde devinée par T'ang Mong. Il importa en Chine, dit la tradition, la vigne et le chanvre.*

*(Wieger. La Chine à travers les Ages)*

*ACHEVÉ D'IMPRIMER SUR*
*LES PRESSES DE*
NA CHE PAO
16 Kan Yu Hutung
*( Rue de la Pluie Bienfaisante )*
A PÉKIN
le 7 Mai 1929, 28e jour de la 3e lune
de l'Année du Serpent.

www.ingramcontent.com/pod-product-compliance
Ingram Content Group UK Ltd.
Pitfield, Milton Keynes, MK11 3LW, UK
UKHW020354180726
13839UKWH00003B/1090